RADAR

28

Tito Paolo Zecca

GEMMA GALGANI

Mistica della Passione di Gesù

Paoline

PAOLINE Editoriale Libri

Via Francesco Albani, 21 - 20149 Milano
www.paoline.it
edlibri.mi@paoline.it
Distribuzione: Diffusione San Paolo s.r.l.
Corso Regina Margherita, 2 - 10153 Torino

Alla prof. Roberta Gastaldi,
a don Fulvio Calloni e
Pierpaolo Calabresi
con stima, riconoscenza, affetto.

PRESENTAZIONE

La biografia di un santo non assomiglia a una guida per *turisti*. È necessario l'interesse e molta umiltà per entrare in un *mondo a parte*, dove il soffio dello Spirito ha mosso persone e vicende. Seguirne il tracciato dovrebbe dare gusto e gioia delle cose spirituali. Il Signore dice: « Il vento soffia dove vuole e ne senti la voce, ma non sai di dove viene e dove va: così è per chiunque è nato dallo Spirito » (Gv 3,8). È l'orizzonte del mistero.

In una mistica come Gemma Galgani, favorita da un incessante dialogo con personaggi celesti, specialmente con Gesù (il cui nome divino fiorisce innumerevoli volte sulle sue labbra) la percezione di sé diventa acuta, quasi lacerante: coscienza creaturale fatta di limiti, di impedimenti, di barriere, alla perfetta immedesimazione con la persona dialogante amata con tutte le proprie energie.

Esiste anche un linguaggio non verbale nel rapporto Gemma-Gesù. È il linguaggio partecipativo dei « segni passiologici ». Al vertice dei quali si colloca la stimmatizzazione. Attorno vi si trovano gli altri elementi della Passione del Signore così come è raccontata dagli Evangeli, tra i quali si evidenziano la coronazione di spine, la flagellazione, il sudore di sangue, l'agonia sulla croce.

Questa partecipazione cruenta alla Passione del Signore in Gemma si ripete ogni settimana, dal giovedì sera e si prolunga spesso fino al sabato mattina. Ogni volta quel «sistema di segni» ripresenta il racconto passiologico: la narrazione cruenta della Passione di Gesù, appunto. Essa è riproposta nella sua eloquenza somatica, perché ogni sua scansione ha una valenza salvifica e redentrice, alla quale la giovane mistica viene associata. Non è un caso che gli evangelisti si siano dilungati nella narrazione delle ultime ore del Signore, descrivendoci in tanti dettagli le cruente sofferenze patite dal Signore, senza far affiorare nessun coinvolgimento soggettivo alla voce narrante. In un certo senso è anche il caso degli stimmatizzati; è il caso di Gemma.

È un fatto singolare che, in coincidenza con la ripresa degli studi sulla Sindone di Torino e le prime fotografie della stessa, nel 1898-1899, Gemma Galgani, tanto provata nel corpo e nello spirito, emarginata dal contesto sociale per il crollo economico della famiglia già benestante, espropriata degli affetti familiari con una serie impressionante di lutti domestici e, infine, costretta a rinunziare alla vocazione monastica alla quale il Signore la chiamava, sia diventata, in forza delle singolari e impressionanti esperienze *passiopatiche*[1], una originale e vivente icona della Passione, quasi la santa del Mistero Pasquale per antonomasia.

[1] Con questo termine intendo riferirmi alle esperienze mistiche fisiche straordinarie partecipative della Passione di Gesù, senza nessun riferimento patologico.

I papi di Gemma, Pio XI e Pio XII, parlano di lei come di una « copia fedelissima anche all'esterno del Crocifisso Redentore » (Pio XI).

Con questa « grandissima grazia » Gemma diventa, a dire di Paolo VI, « Figlia della Passione e della Risurrezione, vale a dire figlia prediletta della Chiesa da lei teneramente amata ».

Di questa ragazza lucchese, morta agli albori del « secolo breve », vogliamo presentare la vicenda biografica cercando di rileggerne il messaggio.

L'Autore

Nota

Nella presente narrazione biografica accade qualche volta di dover anticipare personaggi e avvenimenti non rigorosamente allineati secondo le scansioni spazio-temporali.

Si consiglia, perciò, di leggere subito la breve *cronologia della santa* in fondo al volume.

1
Ottocento lucchese

Lucca, come un cammeo

Vista dall'alto, Lucca sembra un cammeo dalle forme irregolari ma armoniose. I tetti, i campanili, le torri, le facciate dei palazzi e delle chiese, le piazze, i giardini e gli orti urbani, i canali ricchi di acque, e poi il piccolo cerchio dell'antico anfiteatro romano unito al grande cerchio alberato delle mura cinquecentesche intatte, costituiscono un insieme di grande suggestione. Struttura urbanistica affascinante che invita alla sintesi e non certo alla dispersione come certe desolate periferie in tante parti del mondo.

Arrivando a Lucca si rinnova, osservandola dai colli circostanti che le fanno corona, l'emozione già provata tanti secoli or sono da Fazio degli Uberti che vide « in picciol cerchio / torreggiar Lucca / a guisa di boschetto / e donnearsi (giocare) col prato e col Serchio ». In effetti, è un gioco molto armonioso quello che da secoli si svolge tra l'*habitat* umano e l'ambiente naturale delimitato, per grandi linee, dal Serchio con i suoi affluenti, i Monti Pisani, la Garfagnana e le Alpi Apuane. Lo sguardo si volge poi verso l'occidente, il mar Tirreno e la Versilia attraverso la suggestiva Valfreddana che sbocca alle porte di Camaiore.

Gli occhi possono seguire il tracciato dell'antichissima *via sarzanese*; per non citare i mille rivoli della più che antica *via francigena*: la strada che dal Nord Europa conduceva pellegrini, viandanti (e mercanti) a Roma, a Monte Sant'Angelo sul Gargano, fino a San Jacopo de Compostela, spingendosi oltremare fino a Gerusalemme passando, appunto, per la « città del Volto santo »[1], Lucca.

Una città « a parte »

« Lucca è attualmente una piccola città di provincia », scrive Maria Luisa Trebiliani, che all'interno della Toscana è un po' un mondo a sé. Lo è perché secoli di autonomia politica, gelosamente difesa (lo prova l'orgoglioso motto *libertas* inciso sul suo stemma) hanno profondamente segnato la sua realtà sociale e la sua mentalità religiosa (...). Le manifestazioni di vita religiosa all'interno della cinta muraria, come nelle campagne circostanti, danno l'impressione che, almeno esteriormente, il tradizionale spirito di fede dei lucchesi di ogni ceto non abbia subito scosse »[2].

Lo rileva anche lo storico Adriano Spina: « Lucca presenta connotati specifici che non si riscontrano nel resto della Toscana. Definita "Repubblica felice

[1] T. Zecca, *Un cammeo di nome Lucca*, in *Gemma di Lucca*, San Paolo, suppl. a *Il Giornalino* 2003, pp. 8-9.

[2] M.L. Trebiliani, *Santità femminile e società a Lucca nell'Ottocento*, in Aa.vv., *Culto dei santi, istituzioni e classi sociali in età preindustriale*, L'Aquila-Roma 1984, pp. 957-995.

o isola clericale" ha presentato sempre una sua fisionomia nel mondo dell'agiografia al femminile e ha al suo attivo una lunga serie di sante, beate, venerabili e serve di Dio, da costituire un primato nel mondo »[3].

Piccola città Lucca. A unificazione italiana avvenuta contava poco più di ventimila abitanti.

Monsignor Nicola Ghilardi e monsignor Giovanni Volpi

Quando Gemma venne alla luce era arcivescovo di Lucca già da tre anni monsignor Nicola Ghilardi (1827-1904)[4].

Monsignor Ghilardi si trovò a governare la diocesi lucchese nel culmine dello scontro tra lo Stato liberale, da poco costituito nella sua interezza con la presa di Roma (1870), e la Chiesa, retta da Pio IX (+1878), scontro causato soprattutto dalla *Questione romana* e dalla politica antiecclesiastica dei vari governi sabaudi. La sua predicazione risente fortemente di questa tensione. In tutta la sua attività pastorale si nota soprattutto la preoccupazione di formare cristiani seri, coerenti e impegnati[5].

Nei quasi trent'anni di episcopato egli percorse in lungo e largo la vasta diocesi con varie visite pasto-

[3] A. Spina, *La predicazione dei Passionisti in Toscana. I registri del ministero dal 1828 al 1902*, Roma 2007, p. 134.

[4] G. Concioni, *Nicola III Ghilardi, arcivescovo di Lucca*, Lucca 2005.

[5] Come accadde nel 1884 in occasione delle disposizioni governative restrittive per le celebrazioni di Santa Croce dato il forte rischio di contagio per il colera che serpeggiava nella lucchesia (cfr. G. Concioni, *Nicola III Ghilardi, arcivescovo di Lucca*, pp. 78-86).

rali. Nel 1887 indisse anche il sinodo diocesano che riprendeva, aggiornandole, le norme di governo che risalivano alla metà del secolo precedente. Incoraggiò in ogni modo l'associazionismo cattolico in tutte le sue forme, sia quelle tradizionali sia quelle di nuova costituzione. E insisté molto per l'istruzione catechistica del popolo.

Dal 1897, per le sue precarie condizioni di salute, fu scelto come suo ausiliare monsignor Giovanni Volpi.

La scomparsa del Ghilardi, il 22 luglio del 1904, suscitò unanime cordoglio nel clero e nella popolazione lucchese. Gli fu tributato grande rispetto anche da parte degli ambienti politici non cattolici e dei circoli liberali.

Monsignor Giovanni Volpi nacque a Lucca il 27 gennaio del 1860. Non fu mai nominato vescovo della sua città ma vi svolse un ruolo ecclesiale di primo piano, sulla falsariga di monsignor Ghilardi.

Nel 1905 è eletto vescovo di Arezzo, dove rimane fino al 1919, quando viene trasferito a Roma e nominato canonico di Santa Maria Maggiore. Nella Città eterna ebbe modo di svolgere appieno la sua attività forse più congeniale: quella di guida spirituale a Santa Maria Maggiore e alla chiesa del Rosario a Monte Mario. Nel 1942 si aprirono in Lucca i processi per la sua beatificazione ma la causa sembra ancora ferma[6].

[6] G. Concioni, *Nicola III Ghilardi, arcivescovo di Lucca*, p. 9.

I Passionisti del Ritiro dell'Angelo[7]

A Vinchiana, una località in provincia di Lucca, sui monti di Brancoli, i Passionisti avevano all'epoca di Gemma un *Ritiro* (così venivano chiamate le loro case religiose), intitolato all'arcangelo Michele. Qui vi hanno vissuto Passionisti insigni nel passato.

I Passionisti *dell'Angelo*, come erano comunemente chiamati a Lucca, percorsero in lungo e largo la lucchesia, soprattutto con la predicazione delle missioni parrocchiali[8].

Gemma, prima del 1899, stranamente, non li conosceva. Una volta incontrati familiarizzò subito con loro: « Un'affezione speciale », scrive nell'*Autobiografia*, « mi prese per essi »[9]. I Passionisti che scendevano a Lucca per impegni avevano nella famiglia Giannini un punto di riferimento e una cordiale ospitalità. Tra gli altri, è da ricordare fratel Famiano Conti del Cuore di Gesù (+ 1909). Tra lui e Gemma si stabilì una confidenza tutta particolare e questo caro religioso ci ha lasciato preziosi ricordi della santa[10].

[7] Per la fondazione lucchese dei passionisti cfr. F. Giorgini, *Storia della congregazione della Passione di Gesù Cristo*, II/2, Roma 2000, pp. 178-185.

[8] A. Spina, *La predicazione dei Passionisti...*, pp. 134-197: praticamente tutte le parrocchie della vasta diocesi, nell'arco di un secolo, sono state interessate alla predicazione dei missionari passionisti. A Lucca città venivano chiamati abitualmente per dettare gli esercizi spirituali al clero, ai seminaristi, alle religiose.

[9] *Autobiografia*, in Gemma Galgani, *Lettere e scritti personali e lettere a lei o in riferimento a lei*, a cura di F. Giorgini, San Gabriele edizioni (TE) 2004, p. 556.

[10] E. Zoffoli, *La povera Gemma*, Roma 1957, p. 197; *Lettere e scritti*, pp. 111; 129-130; 480; 835; 895. Gemma e Cecilia lo chiamavano *Flamiano*.

Tre donne lucchesi

Tre donne di Lucca, Maria Domenica Brun Barbantini, Elena Guerra, Gemma Galgani, tra la fine dell'Ottocento e gli inizi del secolo successivo si impongono all'attenzione per la loro incredibile carica profetica. Hanno svolto ciascuna una propria missione, rispondendo a una specifica chiamata divina. Le prime due sono state fondatrici di congregazioni che ancora oggi svolgono il loro servizio nella comunità ecclesiale. Tutte e tre hanno avuto il riconoscimento pubblico della loro vita improntata alla sequela più rigorosa di Cristo povero e crocifisso.

Maria Domenica Barbantini (1786-1868), beatificata nel 1995, sposa, madre sfortunata, nel disegno della Provvidenza doveva dar vita a una gloriosa istituzione che avrebbe proseguito l'altrettanto gloriosa tradizione degli ordini ospedalieri, tutti dediti al servizio dei malati e dei poveri.

Fonda a Lucca, dunque, la congregazione delle Ministre degli Infermi aggregata, come spiritualità e servizio caritativo, ai Ministri degli Infermi (i camilliani). Dopo la morte prematura del marito e del figlio, decide di consacrarsi interamente alla cura degli ammalati poveri e all'assistenza dei moribondi negli ospedali. La Brun Barbantini, nel 1824, fonda anche il monastero della Visitazione, con alcune religiose fatte giungere da Pinerolo. Il 5 agosto 1841 monsignor Domenico Stefanelli, arcivescovo di Lucca, approva le *Regole* delle Ministre degli Infermi. Papa

Pio IX concede allo stesso Istituto il decreto di lode il 23 marzo 1852[11].

La beata Elena Guerra (+ 1914) secondo gli storici della congregazione da lei fondata, specialmente suor Amedea Andreini delle suore Oblate dello Spirito Santo, si rivela sempre più come anima profetica che, attraverso la prova del dolore, della emarginazione e della notte interiore, si dedica in tutto a riportare lo Spirito Santo al centro dell'attenzione pastorale e teologica della persona e della missione nella Chiesa e nel mondo.

Elena Guerra, dopo aver vissuto varie esperienze tipiche del laicato cattolico, come l'assistenza ai malati o la catechesi ai fanciulli, decise di dedicarsi a una vita religiosa più intensa. Nel 1882 fonda in Lucca una comunità laica femminile di vita attiva, dedita all'educazione delle ragazze e intitolata a santa Zita, patrona della città. Con la sua comunità, Elena ha già problemi e alcuni conflitti, ma si sente sempre più chiamata a diffondere la devozione allo Spirito Santo. A Lucca, però, non tutte le suore condividono il suo progetto. Si arriva a pretendere le sue dimissioni da Madre generale. Elena accetta la decisione ma, sostenuta dalle consorelle fedeli, continua nella sua opera di apostolato. Muore pochi anni dopo (+ 1914). Viene beatificata nel 1959 da papa Giovanni XXIII con

[11] Le Ministre degli Infermi di San Camillo attualmente operano negli ospedali, nelle case di riposo e nelle case di cura; promuovono la pastorale della salute e l'educazione sanitaria di base; lavorano per il recupero dei tossicodipendenti. Oltre che in Italia, sono presenti in Brasile, Filippine, Kenia, Taiwan e Thailandia. Al 31 dicembre 2005, la congregazione contava 294 religiose in 44 case.

il titolo di «apostola dello Spirito Santo»: scrittrice, teologa, educatrice, prima ancora di essere religiosa e fondatrice.

Il tempo di queste tre donne evangeliche viene comunemente chiamato *belle époque*; un periodo dove la belligeranza europea segna una sosta che precede l'immane primo conflitto mondiale e l'inutile strage di milioni di soldati. Un periodo dove fermentano e cominciano a germogliare nuovi stimoli culturali, sociali, politici, religiosi, estetici.

Del fermento diffuso ampiamente nella borghesia colta e progredita di qua e di là dell'Atlantico non c'è traccia in Gemma Galgani, e forse – ma non vorremmo generalizzare – neppure nella stragrande maggioranza della popolazione femminile lucchese.

Nel sentire di Gemma niente e nulla sembra turbare il suo piccolo mondo, tutto molto al femminile, tutto devoto, quasi tutto legato alla cifra ecclesiale. Un piccolo mondo né antico né moderno, secondo la celebre ripartizione del contemporaneo romanziere Antonio Fogazzaro, ma *solo piccolo mondo*, quasi staticamente inteso alla ripetitività di una consuetudine familiare e sociale, devota, plurisecolare, appena increspata dai nuovi fermenti.

Il clima che si respirava in casa Giannini, come in tante altre famiglie lucchesi, era quello patriarcale, con ritmi e abitudini plurisecolari, un clima fortemente legato al mondo contadino e ai suoi tempi. Ritmato sulle stagioni e sull'anno liturgico, senza quasi nessuna soluzione di continuità tra la vita cittadina e quella rurale, tra il contado e la città.

In questo contesto l'identità femminile sociale e culturale di Gemma è presto definita, ricalcando in tutto e per tutto quella tradizionale di una giovane donna, casalinga laboriosa, devota, concreta, acculturata tanto quanto fosse bastevole per svolgere la sua futura missione, nella vocazione specifica a cui veniva chiamata.

Si forma avidamente ai libri di pietà e di devozione che erano in mano a tutte le persone devote della sua epoca. Brilla, nella manualistica devota dell'Ottocento, il *Manuale di Filotea*, del canonico milanese Giuseppe Riva[12]. Gemma, come tante altre persone devote della sua epoca, aveva tra mano anche i libri di meditazione del grande e popolare sant'Alfonso Maria de' Liguori, come le *Massime eterne* e le *Glorie di Maria*. Nell'alfonsiano *Apparecchio alla morte*, come tantissimi altri devoti, giunta all'ultimo crinale della sua avventura terrena, trovò nutrimento e conforto. Poté leggere *i salmi* e brani dei *Vangeli*, anche se restano pochissime tracce delle citazioni bibliche nei suoi scritti.

I germi di un nuovo sentire della identità femminile c'erano, però, già tutti. Erano stati presagiti da tante scrittrici ottocentesche, come la poetessa religiosa statunitense Emily Dickinson (+ 1886) che nella sua poetica toccava con nuova sensibilità i temi del silenzio di Dio, del nesso amore-morte, della vita

[12] Nel 1902 era giunto alla 37ª edizione. Questo *Manuale* di devozione non è da confondere con *La filotea. Introduzione alla vita devota*, di san Francesco di Sales, pubblicata per la prima volta in Italia a Genova nel 1609.

lacerata tra azione e contemplazione. Prima ancora Emily Brontë e soprattutto Mary Shelley, avevano anticipato il nuovo sentire affettivo e sociale al femminile[13].

Questa nuova sensibilità avrebbe ben presto raggiunto tutti gli strati sociali, e non solo quelli più acculturati, nell'immenso crogiolo sociale, psicologico, economico e religioso rappresentato dal primo conflitto mondiale che segna la fine di un'epoca.

La vicenda terrena delle tre donne evangeliche lucchesi di cui abbiamo parlato, però, si era già conclusa[14].

[13] In *Cime tempestose* si tratta del nuovo rapporto tra uomo e donna; in *Frankestein, ovvero il Prometeo moderno*, del 1817, tratta del mito dell'uomo nuovo che non è se non un mostro, frutto di un tipo di scienza che ha perso ogni riferimento etico.

[14] P. Ciardella (a cura di), *Identità femminile e testimonianza del Vangelo a Lucca tra Ottocento e Novecento: Maria Domenica Brun Barbantini, Elena Guerra e Gemma Galgani*, Lucca 2004.

2

Una ragazzina bella e dolce

Fare memoria

Una vita, quella di Gemma[1], bruciata come una meteora nell'impatto con una densità unica, quella di Gesù, il Crocifisso-Risorto. In modo molto diverso dal passaggio effimero di tante meteore o stelle cadenti sulla scena del mondo, da questo impatto travolgente la ragazza di buona famiglia lucchese è diventata una stella fissa nel firmamento ecclesiale. Pochi anni dopo la morte, avvenuta l'11 aprile del 1903, la sua biografia e i suoi scritti riscuotono un sorprendente successo editoriale. Invocata in tutto il mondo, a trent'anni dalla morte, dopo la solita e più che severa trafila dei processi canonici a Lucca e a Pisa, viene dichiarata beata da Pio XI. Canonizzata da Pio XII il 2 maggio del 1940, è dichiarata «stella del suo pontificato».

[1] E. Zoffoli, *La povera Gemma*. Fondamentale la biografia di padre Germano Ruoppolo (il suo «babbo spirituale»), *S. Gemma Galgani*, Roma 1992[10]; vedi anche G. Esposito - S. Consiglio, *Mistica e personalità in Gemma Galgani*, Siena 2003. Secondo lo schema agiografico classico si può leggere la biografia della Galgani di G. Sardi per le edizioni San Paolo. Per una conoscenza diretta vedi *Lettere e scritti personali e lettere a lei o in riferimento a lei*, p. 1168.

Casa Galgani

Gemma è nata il 12 marzo del 1878, non a Lucca, ma in una palazzina che si trova lungo la strada che collega Lucca a Pescia e che passa per Collodi. Una casa oblunga costruita lungo la stradale che il papà Enrico, farmacista, come già suo nonno e suo padre Carlo, usava come abitazione, laboratorio e negozio. Oggi quel borgo, trafficatissimo, perché situato in piena zona industriale e a pochi chilometri dai collegamenti autostradali, si chiama *Borgonuovo di Camigliano Santa Gemma*.

Il giorno dopo la nascita, la bimba venne battezzata nella chiesa di San Michele arcangelo, parrocchia di Camigliano, con i nomi di: Gemma, il primo e praticamente unico, al quale i parenti aggiunsero i nomi di Umberta e Pia. Umberto, il figlio di Vittorio Emanuele II di Savoia, re d'Italia, era appena diventato re. Pio IX, si era spento da qualche settimana, dopo il più lungo e tribolato pontificato della storia della Chiesa moderna (1846-1878). Questi due ultimi nomi posti alla bimba erano insomma benauguranti per una auspicata riconciliazione tra Stato italiano e Chiesa, che si sarebbe realizzata solo nel 1929. Pochi giorni prima della nascita di Gemma era diventato papa il cardinale Gioacchino Pecci, già arcivescovo di Perugia. Il nuovo papa aveva preso il nome di Leone XIII. Il suo pontificato coincide con la vita di Gemma. E, come vedremo, non sembra trattarsi di una semplice coincidenza cronologica.

Questi brevissimi accenni a personaggi illustri della storia della patria e della storia della Chiesa ci richiamano subito un fattore importante per cercare di capire Gemma: la sua vocazione e missione tutta singolare è stata un dono di Dio alla Chiesa e al mondo, dono che vale per sempre, certo, ma che ha una particolare risonanza nel tempo in cui è vissuta, tra Ottocento e Novecento, in una piccola città, Lucca, microcosmo quante altre mai, dell'universo mondo. In un tempo preciso, certo, ma che per il mistero della Grazia, diventa un tempo sospeso tra terra e cielo, tra il « già e il non ancora dei nuovi cieli e della nuova terra ».

Il nome Gemma era stato proposto ai genitori dallo zio Maurizio Galgani, capitano medico, scelto come suo padrino. E non tutti capivano il motivo di questa scelta, specialmente mamma Aurelia, convinta che non esistesse una santa con questo nome. Il capitano ripeteva soltanto: « È un bel nome, di grande lode e di buon augurio ».

Don Olivo Dinelli, amico di famiglia, convinse la mamma argomentando: « In paradiso ci può andare lo stesso la bambina, anche se non v'è ancora una santa Gemma ».

Non tutti sapevano, compreso il reverendo, che esisteva una santa Gemma di Goriano Sicoli (L'Aquila), pastorella abruzzese, vissuta a metà del 1400[2].

« Le gemme sono in paradiso e speriamo che anche questa bambina sia una gemma di paradiso », aveva aggiunto sempre don Olivo. Si trattava di un semplice augurio, quasi scontato, ma noi ora sap-

[2] Qualche notizia su santa Gemma di Goriano Sicoli (Aq) si può attingere da *Bibliotheca Sanctorum*.

piamo che invece fu pronunciata una vera e propria profezia[3].

In casa, Gemma era considerata *la maggiorina*, perché prima figlia femmina della numerosa nidiata[4].

Quanto tempo è rimasta a Camigliano la famiglia Galgani, dopo la nascita di Gemma? Sembra che la piccola abbia respirato l'aria della campagna lucchese solo per qualche mese, prima che l'intera famiglia si trasferisse stabilmente in città. Per diverse ragioni i Galgani, Enrico e la moglie Aurelia, di salute delicata, con la famiglia aumentata considerevolmente in pochi anni, si trasferirono in varie zone della città[5], a cominciare da via de' Borghi, nella parrocchia di San Leonardo.

L'approdo definitivo sarà la casa situata in via del Biscione (oggi via Santa Gemma Galgani), dove alloggeranno Gemma, i fratelli e sorelle e le zie superstiti. Ora è conosciuta come *la casa delle stimmate*, ed è diventata piccolo santuario e luogo di pellegrinaggio dei devoti della santa.

Una famiglia segnata dal dolore, non c'è dubbio, quella dei Galgani. Enrico ed Aurelia si erano sposati dieci anni prima della nascita di Gemma nel paese

[3] La Gemma abruzzese viene ricordata il 12 maggio; ne esistono anche altre due, una vergine irlandese (memoria 18 settembre) e una martire francese (memoria 20 giugno). Insomma di sante di nome Gemma ce ne sono almeno quattro.

[4] In diciotto anni di matrimonio i Galgani ebbero otto figli (cinque maschi e tre femmine): Carlo (1869-1875); Guido (1869-1922); Ettore (1873-1927); Gino (1876-1894); Gemma (1878-1903); Antonio (1880-1902); Angelina (1881-1953); Giulia (1883-1902).

[5] Vedi M. Anselmi, *Dati cronologici della vita e storia di santa Gemma Galgani*, in *Sapienza della Croce*, anno XIX, n. 2 aprile-giugno 2004, pp. 201-223; n. 3 luglio-settembre 2004, pp. 317-337.

natale di lei, ossia San Gennaro, che i paesani dei dintorni, con arguzia tutta toscana, chiamano ancora oggi *il paese dei micci* (ossia dei somarelli)[6]. I Galgani avevano già avuto un bambino di nome Carlo, come il nonno paterno, che era volato al Cielo tre anni prima della nascita di Gemma[7]. Nel 1876 era nato Gino, il fratello *maggiorino*. Gemma e Gino erano un po' i cocchi di papà Enrico; tra i due, in quanto a senso religioso e devozione, c'era più di una affinità psicologica e spirituale, anzi un legame molto stretto, forse pure un po' esagerato, per come lo descrive Gemma stessa nella sua autobiografia. Gemma poi era legatissima alla mamma.

Quando i Galgani si sono già ben stabiliti a Lucca, nascono gli ultimi tre figli: Antonio (chiamato Tonino), Angela e Giulia. Gino, Antonio e Giulia moriranno prima di Gemma.

La piccola Gemma, con gli altri fratellini, frequenta l'asilo delle sorelle Ersilia ed Elena Vallini in piazza San Francesco. La bimba non si fa ripetere di recitare le preghiere, alle quali gli alunni dell'asilo dedicavano ben venticinque minuti di tempo. Isabella Bastiani ricorderà che Gemma « non si stancava: dopo la recita di un *Pater*, *Ave* e *Gloria* all'Angelo Custode, si rivolgeva a me e mi diceva: Ora a chi debbo pregare, a chi debbo dire il *Pater*? »[8].

Mentre Gemma frequenta l'asilo, mamma Aurelia si ammala. È il 1882. Saranno quattro anni di Calvario

[6] Cercare di trovare una spiegazione storico-folkloristica a questo appellativo ci porterebbe troppo lontano.

[7] M. Anselmi, *Dati cronologici*..., pp. 202 ss.

[8] *Summarium super dubio*, p. 229.

per la povera donna, esperienza che segnerà per sempre la vita della famiglia, con una risonanza tutta particolare per la nostra Gemma. Mamma Aurelia morirà, consunta dalla tubercolosi, ad appena trentanove anni.

La piccola non vuole lasciare la mamma ammalata, le sta sempre d'attorno. È un rapporto strettissimo quello che lega la bimba alla madre morente. Leggendo l'*Autobiografia* della santa[9] – che citeremo più volte, perché fonte primaria del suo pensiero, della sua psicologia e della sua spiritualità – si rimane molto perplessi su questo legame madre-figlia che poteva avere esiti letali, a prescindere dalle buone intenzioni della morente.

« Per la prima cosa mi ricordo che la mamma mia », scrive Gemma, « quando ero piccina (sotto i sette anni), era solita spesso prendermi in braccio, e più volte, nel farlo, piangeva e mi ripeteva: "Ho pregato tanto, affinché Gesù mi dasse (sic) una bimba; mi ha consolata, è vero, ma assai tardi. Io sono malata", mi ripeteva, "e dovrò morire, ti dovrò lasciare; o se potessi condurti con me! Verresti?".

Io capivo ben poco e piangevo, perché vedevo pianger la mamma. "E dove si anderebbe?", le chiedevo. "In Paradiso, con Gesù, cogli Angeli...".

Fu la mamma mia, babbo mio, che cominciò da piccina a farmi desiderare il Paradiso, e se ancora lo desidero e ci voglio andare, ho delle belle gridate, e un bel *no* mi sento rispondere[10].

[9] *Autobiografia*, in *Lettere e scritti*, pp. 519-560.

[10] Da monsignor Volpi e da padre Germano, che non volevano concederle il permesso di domandare a Gesù di morire.

Alla mamma gli rispondevo di sì, e mi ricordo che dopo avermi ripetuto per assai volte queste solite cose, cioè di condurmi in Paradiso, io non volevo mai staccarmi da lei, non uscivo più dalla sua camera.

Il medico stesso avea proibito di accostarci perfino al letto, ma per me ogni comando era inutile, non obbedivo. Così ogni sera, prima che andassi in letto, andavo da lei per dire le orazioni; m'inginocchiavo al suo capezzale, e si pregava»[11].

Il gusto precoce alla preghiera è forse il dato più importante di questo rapporto materno con la piccola. Il *desiderio del Cielo* dovrà passare, invece, per la lunga trafila del cammino spirituale, fino alla totale assenza di qualsiasi risvolto affettivo meno che purificato e sublimato.

Isabella Bastiani, maestra della dottrina cristiana, ricorda che tutte le sere andava a trovarla in casa per prepararla alla cresima. «Gemma amava e pregava sempre la Madonna. Era devotissima poi al Cuore di Gesù; e volentieri meditava la Passione di Gesù (...). Aveva anche una devozione particolare al suo Angelo Custode (...). Mi ricordo ancora che quando Gemma era bambina, mi confidava talvolta afflitta, angustiata, che il demonio la tentava, e io d'averle insegnato a rivolgersi al suo Angelo Custode che l'avrebbe difesa e liberata»[12].

[11] *Autobiografia*, in *Lettere e scritti*, p. 520.
[12] *Summarium super dubio*, p. 230.

La cresima a San Michele in Foro

Qualche mese prima della morte della mamma, il 26 maggio del 1885, martedì dopo Pentecoste, Gemma aveva ricevuto la cresima nella chiesa di San Michele in Foro a Lucca. Dopo la liturgia sacramentale, mentre partecipava a una celebrazione eucaristica come ringraziamento, una voce misteriosa, forse un angelo o forse Gesù stesso, le si fa sentire chiaramente come risonanza (o locuzione?) interiore e le chiede il sacrificio, la rinuncia, alla mamma giunta ormai agli estremi.

Ecco come racconta questa prima esperienza interiore Gemma stessa:

« Si avvicinava intanto il tempo che dovevo fare la cresima. (La mamma) pensò di farmi istruire un po', perché non sapevo nulla; ma io, cattiva, non volevo uscir di camera sua, e fu costretta una maestra della dottrina a venire ogni sera in casa, sempre sotto gli occhi della mamma[13].

Il giorno 26 di maggio 1885 feci la Cresima[14], ma piangendo, perché dopo la funzione chi mi accompagnava volle ascoltare la Messa, e io temevo sempre che la mamma andasse via (morisse) senza portarmi via anche me.

[13] Questa maestra di catechismo era appunto Isabella Bastiani, che ha fatto la sua deposizione nel Processo Apostolico, vedi: *Positio super virtutibus*, Sum. N. II, § 29; N. V, § 83-85.

[14] Nel manoscritto la data non è esatta. Dal registro dei cresimati della parrocchia di San Leonardo in Borghi, alla quale Gemma allora apparteneva, risulta che ricevette la cresima il 26/05/1885, da monsignor Nicola Ghilardi, arcivescovo di Lucca, nella chiesa di San Michele in Foro; le fu madrina la zia Elena Galgani.

Ascoltai alla meglio la Messa pregando per lei; tutto a un tratto una voce al cuore mi disse: "Me la vuoi dare a me la mamma?". "Sì", risposi, "ma se mi prendete anche me". "No", mi ripeté la solita voce, "dammela volentieri la mamma tua. Tu per ora devi rimanere col babbo. Te la condurrò in Cielo, sai? Me la dai volentieri?".

Fui costretta a rispondere di sì; finita la Messa, corsi a casa. Mio Dio! Guardavo la mamma e piangevo; non potevo trattenermi.

Passarono altri due mesi; mai mi staccavo da lei. Infine poi il babbo, che temeva che dovessi morire prima io di lei, a forza un giorno mi condusse via, e mi portò da un fratello della mamma, non più a Lucca.

Babbo, babbo mio, allora sì... Che tormento! Non vidi più nessuno, né il babbo né i fratelli; seppi poi che la mamma era morta il 17 settembre di quell'anno[15] ».

La candida facciata in marmo della chiesa di San Michele in Foro è tutta una trina festosa di sculture, bassorilievi e decorazioni policrome. Sul ciglio superiore del timpano campeggia, solida e massiccia, una statua dell'arcangelo san Michele. Il Principe delle milizie celesti viene rappresentato in perenne difesa dei fedeli nella battaglia contro il potere delle tenebre[16]. Ha sulla destra una lancia; sulla sinistra,

[15] Dell'anno 1886.

[16] I Passionisti usavano dire questa preghiera prima di cominciare un viaggio: *Sancti Angeli, custodes nostri, defendite nos in proelio, ut non pereamus in tremendo judicio, et eripite nos ab inimicis nostris. Sancti Angeli Dei, custodite nos in omnibus viis nostris* (Angeli santi, nostri custodi, difendeteci nel combattimento, perché nel terribile giudizio non siamo perduti, e liberateci dai nostri nemici. Angeli santi di Dio, custoditeci in tutte le nostre vie).

invece, regge un globo dorato, simbolo del mondo: sorregge il mondo perché non vacilli. L'arcangelo è vestito con una ricca dalmatica propria del suo ruolo di dignitario di corte (il *loron* bizantino). La punta della lancia posta in croce è conficcata nelle fauci del drago apocalittico che giace sconfitto negli spasimi dell'agonia, sotto il globo dorato. Sulla punta della lancia risplende uno zircone, una pietra dura bianca. Quando vi batte il sole, riflette i raggi luminosi come un diamante, come una gemma[17]. L'arcangelo ha l'atteggiamento di chi ha combattuto e vinto ed ora veglia sull'accampamento a custodia e difesa dei suoi. Ha una espressione piena di maestà, come se avesse il potere di vagliare le anime prima del Giudizio, per presentarle tutte pure al cospetto del Dio tre volte Santo. Perfino l'aureola di metallo compatto sembra un elmo, un copricapo guerresco che sfida i venti.

Nel « paese dei micci »

Per il rischio del contagio, papà Enrico, nell'autunno del 1885, decide di affidare i figli in casa dei parenti più stretti e disponibili. Gemma viene ospitata dallo zio materno, Antonio Landi, a San Gennaro. E, sempre nella *autobiografia*, racconta con particolari molto coloriti il suo soggiorno forzato « nel paese dei micci » (come chiamano gli asinelli in lucchesia).

[17] Ringrazio per la segnalazione don Fulvio Calloni, parroco della diocesi di Lucca, appassionato cultore dell'arte liturgica e della storia artistica lucchese.

«Cambiai affatto vita andando con lo zio; ci trovai pure una zia, che non somigliava punto alla mamma: buona, religiosa, ma voleva sapere di chiesa fino a un certo punto. O allora sì che rimpiangevo il tempo che la mamma mi faceva pregare tanto! Tutto il tempo che stetti con lei, non mi fu possibile confessarmi (che ne avevo tanto desiderio); mi ero confessata sette volte sole, e avrei voluto andarci ogni giorno, dopo che fu morta la mamma.

In questo tempo che fui con la zia, fui sempre cattiva. Lei avea un figlio che mi facea i dispetti e mi metteva le mani addosso. Un giorno che era a cavallo (aveva quindici anni), la zia mi comandò che gli portassi non mi ricordo che cosa per coprirsi. Glielo portai, e lui mi dié un pizzicotto; io allora gli diedi una spinta forte, che cadde di sotto facendosi male al capo. La zia, per questo, mi tenne le mani legate dietro alla schiena per un giorno intiero. Io indispettita m'arrabbiai, le risposi, e le feci un mucchio di versi, e dissi anche di vendicarmi, ma non lo feci»[18].

A San Gennaro Gemma restò più di tre mesi, forse cinque, perché lei parla della presenza della zia Elisa (da non confondere con l'omonima zia Elisa, sorella di papà Enrico), la quale negli ultimi mesi della malattia prestò assistenza alla cognata Aurelia, mamma di Gemma, che morirà il 17 settembre 1886.

Per Natale e le feste di fine d'anno, la bambina tornò in famiglia a Lucca, che si era forse già trasferita in via degli Angeli, al numero 5.

[18] *Autobiografia*, in *Lettere e scritti*, p. 522.

« Decise la zia di tenermi come figlia, ma saputa la cosa il mio fratello che è morto (ossia Gino, che studiava da prete) non volle a nessun patto, e il giorno di Natale ritornai in famiglia, col babbo, i fratelli, due sorelline (una che non conoscevo, perché fu portata via appena nata), e due persone di servizio[19]. Che consolazione provai nel ritornare con loro, e uscire dalle mani della zia! Lei mi voleva un bene infinito, e io nessuno nessuno. Il babbo allora mi mise a scuola all'istituto di Santa Zita (erano monache) ».

[19] *Autobiografia*, in *Lettere e scritti*, p. 522. Una è Rosa Mori; l'altra, forse, è Pietro Maggi, che risulta presente saltuariamente, con lo stesso ruolo, nei vari appartamenti abitati dai Galgani.

3

O la croce o la stoppa

C'è un modo di dire lucchese che non si trova facilmente nelle raccolte dei proverbi: « O la croce o la stoppa ».

A Lucca, per la festa di santa Croce, 13-14 settembre, ci sono varie celebrazioni e riti che si svolgono nel duomo di San Martino con ritmo immutabile da secoli. La più spettacolare è la processione di santa Croce, detta *la Luminara*, che si svolge a sera inoltrata della vigilia della solennità.

Il giorno dopo, il culmine delle celebrazioni è rappresentato dalla *Missa solemnis*, durante la quale si svolge una singolare cerimonia. A metà della navata centrale, poco più indietro del tempietto del Civitali che racchiude il Crocifisso di Nicodemo, ossia il Volto Santo, mostrato ai fedeli nello splendore di tutti i suoi gioielli di valore e bellezza inestimabili, c'è sospesa a mezz'aria una grata romboidale che per l'occasione è imbottita di stoppa. Al canto del *Gloria* viene dato fuoco alla stoppa e si ricorda a tutti che *sic transit gloria mundi* (così passa la gloria del mondo): come una vampata di fuoco nella stoppa.

In contemporanea a questo falò viene incensata e mostrata ai fedeli dall'altare centrale la cosiddetta *croce dei Pisani*, un capolavoro di oreficeria toscana della fine del '300 secondo il modello della croce *Albero di vita*.

È praticamente impossibile, data la contemporaneità dei riti che si svolgono a una certa distanza l'uno dall'altro, riuscire a vedere bene tutte e due le cerimonie; da qui il modo di dire lucchese: « o la croce o la stoppa ».

Gemma tra « la croce o la stoppa » non ha avuto dubbi: ha scelto la prima. Fin da bambina e senza esitazioni. Con un crescendo di amore e di dedizione che ha consumato fino all'olocausto la sua giovane esistenza, senza ripensamenti ed esitazioni.

Stiamo percorrendo molto rapidamente gli inizi della sua vita prima di dilungarci nei grandi risolvimenti del Calvario. Sono inizi che formano, tra luci ed ombre, un quadro abbastanza definito per comprendere il cammino ascetico e mistico di questa giovane lucchese.

Nel leggere le vicende personali e familiari di Gemma, costellate da malattie, rovesci economici, studi interrotti, traslochi e lutti senza tregua, si viene presi da un senso di vertigine, di smarrimento. Sembra di riprendere in mano il libro di Giobbe, « uomo integro e retto » che temeva Dio, ed era alieno dal male (Gb 1,8) al quale nulla fu risparmiato.

Oh, che giorno beato…

Gemma, mentre percorre questo deserto nella valle della desolazione e della morte (Sal 23,4), comincia ad amare la croce, inizia a conoscere quanto Gesù l'abbia amata di amore folle tanto da accettare per lei la croce e la morte. Si prepara alla prima comunione nell'istituto delle Oblate dello Spirito Santo, dette Zitine. È sua maestra Elena Guerra (oggi Beata), anche lei provata con il calice dell'amarezza e della desolazione.

Gemma dedica al primo incontro con Gesù nell'eucaristia lunghe pagine della sua autobiografia. È impressionante la sua determinazione a voler fare subito la comunione, tanto che il papà dovette cedere. Con molto candore racconta la sua permanenza tra le Suore Oblate dello Spirito Santo, la sua preparazione immediata e la frequenza alla loro scuola.

« Cominciai ad andare a scuola alle monache: ero in Paradiso. Mostrai subito desiderio di fare la Comunione, ma mi trovarono così cattiva e ignorante, che erano proprio sgomente. Cominciarono a istruirmi, a darmi tanti buoni consigli; ma io divenivo sempre più cattiva, avevo soltanto il desiderio di far presto la SS. Comunione, e lo conobbero sì forte, che me lo concessero ben presto »[1].

La bimba si dilunga nel raccontare che il papà faceva una certa resistenza a lasciarla dalle suore. Riuscì a farsi dare il permesso per restare presso le Zitine per quindici giorni e prepararsi alla prima comunione solo con l'arma delle lacrime: « Ogni volta che il babbo mi vedeva piangere, faceva tutto quello che volevo ».

Le piaceva stare in comunità. « In questo tempo non vidi mai nessuno di famiglia. Ma come stavo

[1] *Autobiografia*, in *Lettere e scritti*, p. 523.

bene! Che Paradiso, babbo mio!»[2]). Ci si domanda perché papà Enrico facesse tanta resistenza a far rimanere la figlioletta tra le Zitine per il periodo di preparazione alla prima comunione. Forse pensava che la bambina non avesse sufficiente maturità per accostarsi alla mensa eucaristica. Era la mentalità comune dell'epoca che ritardava l'accesso ai sacramenti dei fanciulli. Solo con Pio X furono rimosse una volta per tutte queste remore tardo-giansenistiche.

A questo punto della narrazione della sua permanenza dalle Zitine, Gemma torna indietro con la memoria e ricorda i gesti discutibili compiuti da una donna di servizio in casa e la reazione punitiva di papà Enrico nei suoi confronti e anche del fratellino Gino[3].

Durante questo lungo ritiro, siamo nel giugno del 1887, Gemma chiede di essere aiutata a conoscere meglio la vita e la passione di Gesù. Suor Camilla Vagliensi si prende l'incarico di soddisfare il desiderio della bambina. La sua reazione al racconto, sviluppato forse in modo troppo realistico, è talmente forte che Gemma, bambina molto sensibile, molto recettiva, viene colta da una forte febbre.

«Avevo un altro desiderio (...): la mamma, quando ero piccina, mi faceva vedere il Crocifisso e mi diceva che era morto in Croce per gli uomini; più

[2] Il «babbo» degli scritti di Gemma, specialmente nell'epistolario, è il passionista padre Germano Ruoppolo, suo padre spirituale. Gemma non nasconde la sua sensibilità affettiva; ricrea, con le persone a lei più vicine e affini, legami di tipo familistico ma a un livello ben più alto di quello comunemente inteso.

[3] *Autobiografia*, in *Lettere e scritti*, p. 523.

tardi poi lo sentii ripetere dalle maestre, ma mai avevo capito nulla; avrei desiderato di sapere per segno tutta la vita di Gesù e la sua Passione. Mostrai questo desiderio alla maestra mia, e cominciò giorno per giorno a spiegarmi qualche cosa, e per questo sceglieva un'ora quando le altre bimbe erano a letto, e lo faceva, credo, di nascosto alla Madre Superiora.

Una sera che mi spiegò qualche cosa della Crocifissione, della Coronazione, dei patimenti tutti di Gesù, me li aveva sì ben spiegati, sì al vivo, che ne provai tanto dolore e compassione, che mi venne all'istante una febbre sì forte, che per tutto il giorno dopo dovetti stare a letto. La maestra da quel giorno troncò ogni spiegazione »[4].

Il rapporto spirituale con questa buona suora perdura anche dopo, nel periodo susseguente alla prima comunione. Suor Camilla avrà intuito che la sua allieva era un'anima privilegiata?[5] Gemma sembra rivivere, nella frequentazione con questa suora, lo stesso

[4] *Autobiografia*, in *Lettere e scritti*, pp. 523-524.

[5] *Autobiografia*, in *Lettere e scritti*, p. 528. « La maestra, che nel tempo degli esercizi della S. Comunione avevami spiegata la Passione, un giorno (forse perché vedeva in me un cambiamento) si riprovò a spiegarmela; andò però molto adagio; anzi mi ripeteva spesso: "Gemma mia", mi diceva, "tu sei di Gesù, e devi essere tutta sua. Sii buona: Gesù è contento di te; ma pure hai bisogno di tanto aiuto. La meditazione sopra la sua Passione deve essere una cosa per te la più cara. O se ti potessi aver sempre meco!...". Quella buona maestra mi aveva indovinato il mio pensiero. Altre volte mi ripeteva: "Gemma, quante cose ti ha date Gesù!...". Io, che non capivo mai nulla di tutto questo, rimanevo come muta; ma alle volte avevo così bisogno di una parola, (e lo dico) di una carezza della mia cara maestra, che correvo a cercarla. Alle volte si mostrava seria; io, che la vedevo in quel modo, piangevo, e finiva poi col prendermi in braccio (benché fossi di undici anni) e accarezzarmi, che alla fine poi fui presa a volergli tanto bene, che la chiamavo la mamma mia ».

clima spirituale-affettivo che aveva già gustato nella sua prima infanzia con mamma Aurelia. Morta suor Camilla, l'anno successivo (1888), Gemma trova in suor Giulia Sestini una nuova maestra che non le fa rimpiangere la prima.

La bambina si prepara con diligenza, insieme alle condiscepole, al grande giorno. Predica gli esercizi spirituali don Raffaele Cianetti, parroco di San Leonardo in Borghi di Lucca. Gemma è profondamente colpita da alcune affermazioni del predicatore.

« Spesso, anzi ogni giorno, quel buon Predicatore diceva: *Chi si ciba di Gesù, vivrà della Sua vita*. Queste parole mi riempivano di tanta consolazione, e così ragionavo tra me: "Dunque, quando Gesù sarà con me, io non vivrò più in me, perché in me vivrà Gesù". E morivo dal desiderio di arrivare presto a poter dire queste parole. Alle volte, nel meditare queste parole, passavo intere le notti, consumandomi dal desiderio »[6].

« Venne finalmente la Domenica mattina; mi alzai presto, corsi da Gesù per la prima volta. Furono alla fine appagati i miei sospiri. Intesi allora per la prima volta la promessa di Gesù: "Chi si ciba di me, viverà della mia vita".

Babbo mio, ciò che passò tra me e Gesù in quel momento, non so esprimerlo. Gesù si fece sentire forte forte alla misera anima mia. Capii in quel momento che le delizie del Cielo non sono come quelle della terra. Mi sentii presa dal desiderio di render continua quell'unione col mio Dio. Mi sentivo sempre più staccata dal mondo, e sempre più disposta al

[6] *Autobiografia*, in *Lettere e scritti*, p. 524.

raccoglimento. Fu in quella mattina stessa che Gesù mi dette il desiderio grande di essere religiosa»[7].

Al termine del ritiro, prolungato di cinque giorni dopo la ricezione dell'eucaristia, Gemma formula alcuni buoni propositi legati alla vita di devozione e alla preghiera assidua. Non sempre, però, tornata in famiglia, rimane fedele agli impegni assunti. Viene presa anche da una certa vanità e cede abbastanza spesso ai capricci tipici della sua età. Non si stanca, però, di pregare, di coltivare un forte senso eucaristico e di chiedere il dono della purezza.

«Due o tre volte la settimana facevo la Comunione: Gesù si faceva sempre più sentire; più volte mi fece gustare consolazioni grandissime; ma come presto lo lasciai, cominciai a divenire superba, disobbediente più di prima, di cattivo esempio alle compagne, di scandalo a tutti.

Alla scuola non passava giorno che non fossi punita, non sapevo le lezioni, e poco mancò che non fossi cacciata via. In casa non lasciavo trovar pace a nessuno, ogni giorno volevo andare a passeggiare, e vestiti sempre nuovi, che il babbo poveretto mi contentò per assai tempo. Tralasciavo ogni mattina e ogni sera di fare le solite mie orazioni; tra tutti questi peccati non mai dimenticai di recitare ogni giorno tre *Ave Maria* con le mani sotto le ginocchia (cosa che mi aveva insegnata la mamma, affinché Gesù mi liberasse ogni giorno dai peccati contro la santa purità)».

[7] *Autobiografia*, in *Lettere e scritti*, p. 525.

Alunna delle Zitine

Tra il 1889 e il 1893 Gemma frequenta la scuola delle Zitine in piazza Sant'Agostino. Nel ricordare questo periodo Gemma non è per niente contenta di sé. Sente la presenza di Gesù ma si scopre piena di difetti. È una comune ragazza di buona famiglia, che si dedica agli studi umanistici, all'apprendimento del francese, del latino, si esercita nel canto, nel disegno, nel ricamo e in tutte quelle attività di economia domestica previste dai programmi, che l'avrebbero preparata a essere una buona donna di casa, una sposa solerte, una mamma premurosa e devota.

Vedendo una foto di questo periodo, con sei educande messe in posa insieme alla beata Elena Guerra e un'altra suora, non riesce difficile immaginare l'ambiente in cui la piccola dei Galgani ha trascorso anni preziosi di studio, di preghiera, di formazione cristiana[8]. Dagli scarsi ricordi della beata Elena si riesce solo a sapere che:

« Il mio povero cuore, quantunque oppresso da molte angustie, esulta sapendo che la P.V. Rev.ma (si rivolgeva a padre Germano) lavora per dare gloria a una mia santa alunna, Gemma Galgani. L'ebbi per circa due anni nella classe di cui mi occupavo allora, e posso attestare che non ebbi mai occasione di lagnarmi della sua condotta. Era molto silenziosa e sempre obbediente »[9].

Gemma prende gusto a fare « la carità verso i poveri » e non si stanca di chiedere denaro e derrate

[8] *Radici cristiane*, n. 23 del 2007, p. 81.

[9] P.G. Bonardi, *Con l'amore crocifisso. Santa Gemma Galgani*, Ed. Eco, Teramo 1986, p. 70.

alimentari, perfino la biancheria di casa, per venire incontro ai poveretti che le si assiepavano intorno appena usciva di casa. Quando provarono a metterle un freno a tanta liberalità, preferì non uscire più e fare vita sempre più ritirata.

Intanto la famiglia si accresce. Vengono a stare dal fratello Enrico due sue sorelle piuttosto anziane, Elisa ed Elena Galgani, che si occuperanno della casa. La prima starà accanto a Gemma fino alla fine e rilascerà preziosi elementi di conoscenza della santa nei processi canonici. La ragazzina, però, ha ancora nostalgia della mamma.

« In questo tempo, essendo morto il nonno e lo zio, due zie dalla parte del babbo vennero a stare con noi in famiglia. Erano zie buone, religiose, affezionate, ma non era mai l'affetto tenero della mamma. Ci conducevano in chiesa quasi ogni giorno e non mancavano d'istruirci nelle cose di Religione »[10].

Gemma sente molto forte il desiderio di migliorare, di *convertirsi*. Avverte sempre di più la coscienza dei suoi peccati che offendono Gesù. Non sempre i risultati dei suoi studi sono brillanti. A volte occupa gli ultimi posti nella lista delle più meritevoli per applicazione, profitto e disciplina. La ragazza in questo caso non esagera nel descrivere una sua certa insofferenza dell'ambiente scolastico e sui difetti che le venivano rimproverati[11]. Viene biasimata per essere

[10] *Autobiografia*, in *Lettere e scritti*, p. 527.

[11] E. Zoffoli, *Pagella scolastica di una santa*, in *La povera Gemma*, pp. 533-537. Questa discontinuità nella resa scolastica, oltre all'età, sembra si potrebbe attribuire anche a una certa sua insofferenza nei rapporti con le condiscepole. Colpisce che nella sua *Autobiografia* non parli mai di una

superba: vuole correggersi di questo difetto ma non sa neppure lei cosa sia in realtà e ne soffre. Più che di un difetto morale, sembra di vedere, in questo suo modo di fare, un certo atteggiamento caratteriale, una certa sbrigatività nei rapporti sociali che veniva facilmente confusa con un tratto poco urbano.

Il suo stile sbrigativo, risoluto, che vuole arrivare subito alle conclusioni, lo ritroveremo anche in seguito, specialmente nella interminabile vicenda delle difficoltà che le impediranno di entrare in convento.

« Sì, purtroppo l'avevo questo peccato; ma Gesù lo sa se lo conoscevo o no. Più volte sono andata in ginocchio avanti alla maestra, alle scolare tutte, alla Madre Superiora a chiedere perdono di questo peccato; ma poi la sera, e anche tante notti, piangevo da me sola: questo peccato non lo conoscevo, e più volte al giorno vi cadevo e ricadevo senza avvedermene »[12].

Apparentemente la fanciulla sembrava timida, fredda, quasi apatica, invece era molto vivace e pronta, di estrema sensibilità ed era portata alla collera. Sapeva rispondere a tono nel momento giusto e con la persona giusta. Nei contrasti con le altre alunne prima guardava la persona negli occhi e poi le sorrideva, suscitando sempre una reazione positiva alla sua dolcezza. Padre Germano nella biografia della santa scrive che « il dolce e spontaneo sorriso che errava continuamente sul labbro, faceva piacevole

amica del cuore, di qualche amicizia più confidenziale con condiscepole, tanto normale nell'età scolare, e a maggior ragione in un ambiente molto protetto come quello di un istituto cattolico di educazione femminile.

[12] *Autobiografia*, in *Lettere e scritti*, p. 528.

contrasto con la maestà del suo volto e gravità di comportamento »[13].

Papà Enrico era molto soddisfatto dei risultati scolastici di Gemma, tanto che già sognava di mandarla all'università. Gemma, però, non ne era molto entusiasta e troncò subito il discorso sull'argomento.

Quella delle Zitine era una scuola su cui monsignor Ghilardi contava moltissimo e non mancava mai di recarvisi per il saggio di fine d'anno e le premiazioni. Alle suore e alle ragazze manifestava le sue preoccupazioni di pastore e dava loro utili ammaestramenti.

Decennio doloroso

L'8 luglio del 1894, Gemma ha sedici anni, partecipa a un concorso di catechismo. Riesce prima, con altri due ragazzi, e riceve una medaglia d'oro e cento lire in premio. Papà Enrico, il fratello Guido, le zie la vestono alla moda e la coprono di regali[14].

Gemma avrà ascoltato con molta attenzione le raccomandazioni dell'arcivescovo rivolte ai giovani partecipanti alla manifestazione. Già in occasione della distribuzione del *Premio d'oro della scuola della Dottrina cristiana* del 1889 monsignor Ghilardi aveva asserito che la dottrina insegnata da Gesù si conservava intatta nel catechismo della Chiesa cattolica[15].

[13] P.G. Bonardi, *Con l'amore crocifisso*..., p. 79. Pietro Maggi, il domestico di casa diceva: « Cosa volete? Di Gemma ce n'è una sola ».

[14] Il papà le dona l'orologetto e l'anello appartenuti a mamma Aurelia.

[15] Distribuzione del *Premio d'oro della scuola della Dottrina cristiana* del 1889.

Nell'anno della premiazione di Gemma sempre lo stesso presule esortava, tra l'altro, i giovani ad alleviare il peso dei catechisti:

« Corrispondete alle cure che essi spendono intorno a voi, e ciò colla docilità, coll'obbedienza, colla gratitudine, coll'amore, col porre ogni studio affine di trar profitto dal loro insegnamento. Crescete soprattutto nel timor santo di Dio, e diventerete cittadini probi, onesti, laboriosi, quali vi desidera la Chiesa e la società »[16].

Raccomandazioni e premure che troveranno in Gemma un terreno fecondo.

La premiazione era una piccola soddisfazione più che legittima, offuscata ben presto da gravi lutti.

Riprendono anche i traslochi. In pochi anni la famiglia Galgani cambia ben quattro alloggi, per approdare a via del Biscione alla fine del 1897. È un periodo alquanto oscuro della vita di Gemma. La crisi economica, che alla fine porterà allo sfacelo, comincia a farsi sempre più evidente e non può non lasciare tracce profonde in una famiglia abituata a una certa agiatezza e a un decoro più che borghese. Decoro che impedirà, più di una volta, in seguito, di far accettare la realtà nella sua crudezza, per il desiderio di conservare l'antica rispettabilità, anche finanziaria, che invece si andava irrimediabilmente perdendo con l'irreversibile crisi nella gestione degli affari di papà Enrico.

Le spese affrontate per la cura della povera Aurelia, il trasloco a Lucca, l'acquisto della farmacia Gemignani in via Fillungo (forse aiutato ma fino a un certo punto, dal cognato Antonio Landi e dal fratello

[16] G. Concioni, *Nicola III Ghilardi, arcivescovo di Lucca*, p. 587.

Maurizio, socio in affari), prestiti finanziari dati sulla fiducia (forse a parenti e conoscenti che non onorarono gli impegni nel modo dovuto), la morte prematura di Maurizio sono alcune tra le concause scatenanti il tracollo finanziario irreversibile dei Galgani e della loro attività commerciale farmaceutica, unica fonte di sostentamento per tutta la numerosa famiglia.

Un lutto lacerante e un'operazione dolorosa

La scomparsa del babbo, nel 1897, è preceduta da un altro vuoto che si crea in casa Galgani. Gino, il fratello seminarista prediletto di Gemma, muore a tre mesi dal compimento dei suoi diciotto anni, l'11 settembre del 1894. Dal seminario[17] fu rimandato a casa in via degli Angeli per morirvi. La giovinetta soffre acutamente per questo lutto. Con Gino aveva una profonda affinità spirituale.

La sua reazione a questa morte fu molto dolorosa. « Io pure amavo lui (Gino) più di tutti: si stava sempre insieme; nei giorni di vacanza ci divertivamo a fare altarini, feste eccetera; si stava sempre soli. Mostrò desiderio, quando fu grandicello, di essere prete; allora fu messo in Seminario, e fu vestito; ma pochi anni dopo morì.

Nel tempo che fu a letto, non voleva che io mi allontanassi da lui. Il medico l'aveva spedito affatto, e a me che mi dispiaceva tanto che dovesse morire, per

[17] Il giovane frequentava da semi-interno il seminario decanale di San Michele (cfr. E. Zoffoli, *La povera Gemma*, p. 155).

morire io pure mi servivo di tutta la roba sua; e poco mancò che non morissi davvero, perché un mese dopo che fu morto, mi ammalai io pure gravemente.

Non posso dire le molte cure che ebbero tutti per me, specialmente il babbo; e più volte lo vedevo piangere e chiedere a Gesù la morte in vece mia. Esso adoperò ogni rimedio, e dopo tre mesi guarii»[18].

Stringe il cuore nel leggere queste brevi righe autobiografiche di Gemma. C'è una sorta di *cupio dissolvi*, profondamente legato agli affetti familiari, in questo inseguire o desiderare la morte per non lasciare il proprio congiunto nel dolore, nella sofferenza. La ragazza ha appena sedici anni, e si vede come stenti molto a riprendersi. Passeranno vari mesi prima che un abbozzo di sorriso le torni sulle labbra. Interrompe perfino gli studi, anche per ragioni economiche. Solo per un certo periodo viene ancora accolta tra le alunne delle Zitine, poi Gemma si congeda definitivamente dalle sue maestre e dalle compagne. Saluta con particolare trasporto la sua maestra suor Giulia Sestini.

La crisi affettiva si mescola alla crisi finanziaria della famiglia e determina una situazione di grave stress psico-affettivo da cui la ragazza, con enorme forza d'animo e soprattutto con l'aiuto della preghiera e la frequenza dei sacramenti, lentamente si riprende. Eppure la sua bellezza malinconica non passava inosservata. Qualche militare di carriera di una delle numerose caserme presenti a Lucca le aveva posto gli occhi addosso con una certa insistenza[19].

[18] *Autobiografia*, in *Lettere e scritti*, pp. 530-531.
[19] P.G. Bonardi, *Con l'amore crocifisso*..., p. 77.

Dopo tante sofferenze causate dai vuoti affettivi che si allargano sempre di più, nel maggio del 1896 Gemma affronta per la prima volta un dolore fisico: sopporta, senza anestesia, una dolorosa operazione a un piede per una piccola carie ossea. Carie aggravata da una contusione trascurata: le era caduta sul piede una panca mentre era ancora dalle Zitine. Subì il raschiamento senza anestesia, tanto da lasciare ammirati i tre chirurghi che l'operavano (Del Prete, Giorgi e Gianni). La zia Elena e il fratello Guido, studente in medicina, che assistevano anche essi all'operazione, non poterono fare a meno di restare ammirati, anzi orgogliosi di tanta forza d'animo della ragazza.

La prima volta dell'angelo

Cosa era successo? La fragilità psico-affettiva dimostrata nel lutto per la morte del fratello Gino, i lunghi mesi di inattività intellettuale, si era trasformata in una straordinaria capacità di sopportazione del dolore.

È Gemma stessa che ci svela il segreto di tanto cambiamento.

«Il medico allora proibì lo studio, e uscii dalla scuola. Più volte la superiora e le maestre mi mandarono a chiamare per avermi con loro, ma il babbo non mi ci volle più mandare. Ogni giorno mi conduceva fuori; ogni cosa avessi desiderata, tutto mi concedeva; e io cominciai di nuovo ad abusarmene. Pure la Comunione tre o quattro volte la settimana la facevo, e Gesù, anche che fossi così cattiva, veniva, stava con me, mi diceva tante cose.

Una volta, mi ricordo benissimo, mi avevano regalato un orologio d'oro con la catena; io, ambiziosa come ero, non vidi il momento di mettermelo e uscire fuori (cominciò allora, babbo mio, a lavorare la mia fantasia). Uscii infatti; quando ritornai e andai per spogliarmi, vidi un angelo (che ora ho riconosciuto per l'angelo mio), che serio serio mi disse: "Ricordati che i monili preziosi che abbellano una sposa di un re crocifisso, altri non possono essere che le spine e la croce".

Queste parole non le dissi neppure al confessore, ora l'ho dette per la prima volta. Quelle parole mi fecero paura, come paura mi fece quell'angelo; ma poco dopo riflettendo a dette parole, senza capir nulla, feci questo proponimento: Propongo per amor di Gesù, e per piacere a Lui, di non portare più, e neppure parlare più di cose che sanno di vanità.

Avevo un anello pure in dito: mi tolsi anche quello, e da quel giorno non ho più avuto nulla.

Mi proposi allora (perché Gesù mi dava lumi chiari che dovevo essere religiosa) di cambiare vita; e mi si offrì una bella occasione, perché allora appunto era vicino a cominciare l'anno 1896. Mi scrissi in un piccolo libretto: "In questo nuovo anno mi propongo di cominciare nuova vita. Che mi accadrà in questo nuovo anno, non lo so. Mi abbandono in Voi, mio Dio. Tutte le mie aspirazioni, tutti i miei affetti saranno tutti per Voi. Mi sento debole, o Gesù; ma col vostro aiuto spero e risolvo di vivere in altro modo, cioè più vicina a Voi" »[20].

Gemma riceve varie ispirazioni a seguire con più impegno e decisione la via della croce. E impara, die-

[20] *Autobiografia*, in *Lettere e scritti*, pp. 531-532.

tro l'esortazione del suo angelo custode, a rinunciare ai monili e alle vanità mondane. Comincia lo spogliamento di tutti gli orpelli e le piccole vanità di una bella ragazza di buona famiglia.

Monsignor Ghilardi, in un discorso a Loppeglia, nel 1892, si era lagnato che « non mancano donzelle che dandosi in preda alle vanità e all'ambizione di comparire, perdono ben presto l'innocenza e il pudore: certe amiche con le quali si lasciano conversare liberamente, certi libri piccoli di mole ma ripieni di veleno che capitano loro fra mano, ne esaltano la fantasia, ne corrompono il cuore, e le inducono finalmente ad aborrire Dio e la sua legge, per non attender più se non alle frescherie dell'abbigliamento, agli amoreggiamenti, alla soddisfazione delle passioni »[21].

La frequentazione dei sacramenti e una sempre più accentuata disposizione alla preghiera contemplativa portano Gemma, gradualmente, a compiere i gesti necessari per un radicale distacco dalle cose più effimere per diventare la vera sposa di un re crocifisso che ha per monili preziosi soltanto *le spine e la croce*. L'irruzione dell'angelo che la rimprovera, ed è la prima volta che le si rende visibile, rientra in questo cammino doloroso e amoroso che la ragazza ha cominciato a percorrere a passi sempre più decisi e accelerati.

Gemma comunque non è « un'anima bella », persa soltanto dietro le proprie devozioni, dimentica delle necessità di famiglia. La vediamo come collaboratrice nell'asilo tenuto dalle sorelle Baccheretti

[21] G. Concioni, *Nicola III Ghilardi, arcivescovo di Lucca*, p. 579.

tra piazza Scarpellini e Corte Compagni, una traversa della strada più alla moda di Lucca: via Fillungo. Il giorno di Natale del 1896, con il permesso del suo confessore, emette per un anno il voto di castità.

Muore papà Enrico: catastrofe familiare

La crisi economica della famiglia nel 1896 si aggrava ancora di più. Vengono vendute la villetta di Santa Maria del Giudice e l'appartamento di città. Le sorelle di Enrico danno tutti i loro averi personali per tamponare la falla. Si arriva al graduale sequestro dei beni mobili e immobili; e poi, a grandi passi, al totale fallimento. Anche la farmacia viene chiusa e posta sotto sequestro.

Il 1897 Gemma lo chiama « anno tanto doloroso per tutti di famiglia »[22]. È l'anno della morte di papà Enrico (11 novembre) e della catastrofe familiare. Rimasero privi di tutti i mezzi mentre la malattia del babbo, un cancro alla gola, giungeva alla fase terminale.

« Capii una mattina, dopo la Comunione, la grandezza del sacrifizio che voleva presto Gesù; piansi assai, ma Gesù, che in quei giorni di dolore si faceva tanto di più sentire all'anima mia, e anche che vedevalo (il babbo) tanto rassegnato a morire, trassi una forza grande, che sopportai l'acerba disgrazia assai tranquilla[23]. E il giorno che morì, Gesù mi

[22] *Autobiografia*, in *Lettere e scritti*, p. 535.

[23] Nel registro dei morti della Parrocchia di San Frediano in Lucca, all'anno 1897 n. 39, si legge: « Addì 11 novembre 1897. Galgani Enrico fu Carlo e fu Margherita Orsini, ved. di Aurelia Landi, di questa Parrocchia, munito dei SS. Sacramenti della Penitenza ed Estrema Unzione con Bened.

proibì di perdermi in urli e pianti inutili, e lo passai pregando e rassegnata assai al volere di Dio, che in quell'istante prendeva Lui le veci di Padre celeste e Padre terreno»[24].

La *maggiorina*, prediletta di papà, fece coraggio a tutti i familiari, specialmente i fratelli e le sorelle, con una forza d'animo e uno spirito di fede davvero eroiche.

Dopo la prima più che comprensibile reazione di acerbo dolore, tanto da farla svenire, aveva esclamato: «Ora è tempo che mi faccio monaca», come attesterà il dottor Del Prete che le aveva dato la notizia della morte del padre, Gemma si riprende. Il coraggio dimostrato nel non versare neppure una lacrima alla morte della mamma, ora trova un riscontro decuplicato e ancora più motivato con la scomparsa del papà, anche se pianse e pianse tanto, come dirà zia Elisa. Prende la direzione della casa, perché il fratello Guido era ancora sotto le armi[25].

Oberato dai debiti, Enrico lasciava purtroppo la famiglia in totale indigenza. Per aiutare in qualche modo la famiglia durante la lunga malattia del padre, Gemma si era messa a lavorare presso la scuola di taglio e cucito delle signorine Sbaraglia, in via Nuova, una traversa di via Fillungo. Alla morte del

Pontif., assistito dal sacerdote fino all'ultimo respiro, passò all'altra vita il dì suddetto alle ore 14,30, in età di anni 53. Non fu possibile amministrargli il SS. Viatico per impotenza a riceverlo. Il suo corpo, fatte le solite esequie, fu sepolto al Camposanto, associato dalla Ven. Confraternita di Misericordia come confratello» (*Autobiografia*, p. 535, nota 133).

[24] *Autobiografia*, in *Lettere e scritti*, p. 535.

[25] P.G. Bonardi, *Con l'amore crocifisso*..., p. 89.

papà la famiglia abita ancora nella casa di via San Giorgio, n. 10. Appena morto il capofamiglia, la casa viene posta sotto sequestro e viene pignorato l'ultimo mobilio. Sta per finire questo *annus horribilis* della famiglia Galgani nella perdita del capofamiglia e della rispettabilità.

Tremenda la tentazione di disperarsi, ma Gemma reagisce con una forza e un coraggio incredibili. È lei che rincuora i familiari e gestisce gli affari di famiglia in quel terribile frangente. Non tutti quelli di casa reagirono allo stesso modo. Gemma prova nella sua pelle il morso dell'emarginazione sociale e della miseria più nera con il rischio incombente della totale disgregazione del nucleo familiare. Una famiglia di otto persone è gettata sul lastrico senza pietà.

C'è la pagina di uno scrittore vittoriano, Anthony Trollope (+ 1882), che ci aiuta a capire in modo molto verosimile lo stato d'animo dei Galgani in quei tragici giorni:

> Nessuno tranne coloro che sono stati poveri di buona famiglia – persone di buona famiglia così povere da non sapere come procurarsi uno scellino – può capire la particolare amarezza delle prove causate da tale povertà. La povertà dei normali poveri non si avvicina ad essa; o, piuttosto, i dolori che nascono da simile povertà sono di natura completamente diversa. Essere affamato e non avere cibo, aver freddo e non avere di che scaldarsi, essere minacciati del sequestro dei pochi tavoli e sedie che si possiedono, e della perdita del tetto sopra la testa – tutte queste miserie che, se anche non raggiungono effettivamente, arrivano con tanta frequenza quasi a raggiungere i normali po-

veri, sono senza dubbio le più dure tra le prove a cui è soggetta l'umanità. Minacciano la vita – o, se non la vita, allora la libertà – riducendo il misero a una scelta tra cattività o morte per fame. In un modo o nell'altro il gentiluomo povero o la signora povera – per quanto l'uno o l'altra possano essere poveri – non giungono spesso al provvedimento estremo del ricovero di mendicità. Vi sono tali casi ma sono eccezioni. (...) Vi sono sofferenze al cui confronto, al momento, lo stesso morir di fame parrebbe preferibile. Gli sguardi incolleriti dei commercianti non pagati, rabbiosi per una collera che sa esser giustificata; il sarcasmo della povera domestica che vuole il suo salario, il graduale abbandono di abitudini che la dolce formazione di più gentili anni giovanili hanno reso una seconda natura; le guance esangui della moglie la cui malattia richiede vino; gli abiti miseri del marito le cui occupazioni nel mondo richiedono decenza; i bambini trascurati, che stanno imparando a non essere figli di gentiluomini; e peggiore di tutto, la carità e l'elemosina di amici parzialmente generosi, l'orgoglio declinante, l'orgoglio che non declina, il dubbio crescente se non sia meglio chinare il capo, e riconoscere davanti al mondo intero che nulla dell'orgoglio di casta è rimasto – che la mano è aperta per ricevere e pronta a toccare il cappello, che si è compiuta la caduta dal livello superiore a quello inferiore – questi sono i dolori della povertà che spingono i Crawley del mondo ad accarezzare di frequente l'idea del pugnale[26].

La cognata di suor Elena Guerra, secondo la testimonianza di Giustina Giannini, si sarebbe fatta

[26] A. Trollope, *Le ultime cronache del Barset*, Sellerio Editore, Palermo 2010, pp. 121-122 (i Crawley sono i protagonisti del romanzo).

promotrice di una colletta in città per soccorrere una famiglia che « abituata a una discreta agiatezza, non osava far nota la sua estrema indigenza »[27]. La stessa zia Elisa andò in giro per elemosina.

Anni dopo, Gemma racconterà a Cecilia Giannini che, in quella circostanza della cacciata di casa e il sequestro dei mobili, « mi misero le mani in tasca e mi levarono quei cinque o sei soldi che avevo ». Gemma aveva diciannove anni...

A funerali conclusi, viene portata a Camaiore da zia Carolina, la sorella del povero Enrico. I superstiti della famiglia si trasferiscono altrove. Li ritroveremo in via del Biscione, al civico n. 13, tra il Portone dei Borghi e lo Stellario.

La situazione di estrema precarietà durerà almeno fino al ritorno di Guido dal servizio militare. I suoi primi magri guadagni come farmacista nell'ospedale civico, però, non riusciranno a risollevare la situazione ormai quasi del tutto compromessa dell'intera famiglia. Poi metterà su famiglia per conto suo e andrà a stare a San Giuliano Terme (PI).

Un altro fratello, Ettore, aveva già lasciato la famiglia e Lucca per cercare fortuna in Brasile dopo la morte della mamma[28]. Tonino, il più piccolo dei maschi, che studiava farmacia all'università di Pisa, solo negli ultimissimi anni potrà contare su un riscontro finanziario, dopo essere stato assunto dai Giannini come dirigente del deposito dei prodotti chimici della farmacia di piazza San Frediano. Non

[27] P.G. Bonardi, *Con l'amore crocifisso...*, p. 90.

[28] Morirà ad Araraquara, nello Stato di San Paolo del Brasile, nel 1927, confortato anni prima da un'apparizione della santa sorella.

volle andare a stare dalla zia Carolina a Camaiore con Gemma[29].

La stoppa è quasi tutta una vampa. È tempo di rivolgersi sempre più decisamente verso il Calvario e la croce. La croce sola.

[29] Morirà qualche mese prima di lei (21 ottobre 1902).

4

Camaiore: la svolta

Nella vicenda umana e spirituale di Gemma Galgani, Camaiore, una cittadina situata a meno di sessanta km da Lucca e poco più di dieci km da Viareggio, occupa uno spazio geografico, storico e spirituale tutto particolare. Il perimetro geografico di Gemma gira solo ed esclusivamente nell'ambito di Lucca e della lucchesia. Dopo Lucca, il periodo trascorso da Gemma a Camaiore è di fondamentale importanza per capirne un po' meglio il mistero attraverso dati biografici e testimonianze.

La prima motivazione che legava Gemma a Camaiore risulta in modo molto evidente dai particolari biografici della giovane. C'era un legame molto forte tra la figlia del farmacista e i parenti di parte paterna che appunto vivevano e lavoravano a Camaiore.

Soggiorni estivi: 1896-1898

Nella sua *Autobiografia* Gemma racconta con molta semplicità e franchezza il motivo per cui da Lucca e dalla casa paterna fu accolta a Camaiore dalla zia Carolina, sorella di papà Enrico:

«Dopo la morte /del babbo/ ci trovammo senza niente; non avevamo più di che vivere. Una zia, saputa la cosa, ci aiutò in tutto, e non volle più che mi trattenessi in famiglia; e il giorno dopo la morte del babbo mandò a prendermi e mi tenne con sé per più mesi»[1].

Perciò il 12 novembre del 1897 Gemma viene a stare dalla zia Carolina, sposata con il commerciante Domenico Lencioni. Fu invitato ad andare dagli zii anche Tonino ma il ragazzo si rifiutò.

Gemma parla di «quei mesi trascorsi nel peccato». Sappiamo che la sua bellezza di diciannovenne in fiore attrasse l'attenzione di due ragazzi, un certo Romeo Dalle Lucche, garzone della farmacia Chiappina, e del figlio del medico del paese, tale Girolamo Bertozzi. Quest'ultimo chiese la sua mano, sembra sicuro in forma ufficiale, allo zio Domenico, come testimonieranno Alessandra Balsuani, la domestica dei Bartelloni, e la zia paterna, Elisa Galgani.

«Girolamo Bertozzi s'invaghì di Gemma e tanto che esso con suo padre andarono dallo zio di Gemma, signor Domenico Lencioni, a domandarla in isposa»[2], dice Elisa. La quale aggiunse anche: «Appena ebbe sentore (Gemma) di ciò, subito fuggì da Camaiore e venne da noi a Lucca».

Interrogata dai familiari, sorpresi del suo ritorno, Gemma rispose con disarmante franchezza e semplicità: «Ci stavo bene, ma sa? C'era uno che mi avrebbe voluto; ma io marito non lo voglio: io voglio essere tutta di Gesù». Un altro testimone, Carlo Papini, scriverà al Tribunale ecclesiastico di Pisa affermando:

[1] *Autobiografia*, in *Lettere e scritti*, p. 535.
[2] E. Zoffoli, *La povera Gemma*, p. 429, nota 129.

«La Gemma Galgani venne a Camaiore per circa otto anni, ci passava due o tre mesi, ordinariamente nell'estate. Dopo la sua risoluzione di farsi suora, più non venne[3].

La dichiarazione del Bertozzi fu mandata anche scritta, ma Gemma non l'aprì neppure e la rimandò al mittente, dirà il cugino Luigi Bartelloni, sempre al Processo di Pisa[4]. In base a uno scritto della santa, quello concernente l'altro pretendente, Romeo Dalle Lucche, è ascrivibile all'estate del 1896. Quindi precedente alla situazione in cui si venne a trovare Gemma dopo la morte del padre. La dichiarazione del Bertozzi, invece, è successiva all'arrivo della giovane a Camaiore nella metà di novembre del 1897.

La continua presenza delle persone coinvolte nei due episodi distinti, ma legati alla stessa motivazione, doveva essere per Gemma fonte di continuo fastidio, se non di insofferenza; da qui la decisione drastica e irrevocabile di lasciare il borgo di Camaiore per tornarsene alla miseria di via del Biscione a Lucca nei primi mesi del 1898.

Il curatore della sesta edizione della biografia di Gemma scritta dal padre Germano Ruoppolo, a proposito del Bertozzi asserisce: «Il giovane qui ricordato dal biografo, trovasi presentemente in Roma, e dalle sue stesse labbra abbiamo avuto la conferma del fatto. Ora però, dopo quattordici anni (1911), egli ne conserva solo una vaga rimembranza, e da alcune parti-

[3] E. Zoffoli, *La povera Gemma*, p. 11, note 75-80. Il desiderio di Gemma di farsi suora non si realizzerà mai.

[4] E. Zoffoli, *La povera Gemma*, p. 489; p. 504, nota 21. Luigi Bartelloni stette diverso tempo a Lucca per assistere lo zio morente.

colari circostanze ricava che non si dovette trattare di una richiesta ufficiale »[5]. Il biografo Bonardi aggiunge che Bertozzi si sposò; a Roma divenne funzionario nel Ministero delle Regie Poste e Telegrafi e qui morì alla fine della Seconda Guerra Mondiale, « con la figura luminosa di Gemma davanti agli occhi »[6].

Ragazza di casa e di chiesa

Presso la zia Carolina, Gemma non restava certo inoperosa. Sappiamo che frequentava in modo assiduo la badia di San Pietro posta poco fuori del borgo, presso il cimitero, dove si confessava e partecipava all'eucaristia. La presenza documentata e continuativa di Gemma a Camaiore risale dunque almeno al 1888. Dava pure una mano nel negozio di mercerie gestito dai Lencioni e che era situato in piazza del Rivellino fuori Porta San Pietro Lombricense. La casa degli zii Lencioni si trovava al civico n. 9, appena passata Porta Lombricense. Sulla facciata dell'edificio una lapide collocata il 24 dicembre del 1933, in occasione della beatificazione di Gemma, ricorda questo prolungato soggiorno: « La beata Gemma Galgani / pellegrina d'eroica povertà / in questa casa / fu lungamente accolta / dalla pietà della zia paterna ».

« Vi si accedeva da Piazza del Rivellino e forse anche da via Tabarani », annota Zoffoli. « Su questa

[5] Padre Germano, *Biografia della serva di Dio Gemma Galgani, vergine lucchese*, VI ed. a cura di padre Gregorio, Roma 1915, p. 59.

[6] P.G. Bonardi, *Con l'amore crocifisso*..., p. 98. Per questo Autore il primo a fare delle serie proposte di matrimonio fu G. Bertozzi (p. 97).

via rispondeva la finestra della cucina della zia Carolina e probabilmente anche un'altra del negozio sottostante, dalle quali si poteva vedere la farmacia dirimpetto, dove prestava servizio il povero Romeo. L'attuale *Farmacia Moderna* è rimasta quella di allora. Molto vicina dunque alla casa degli zii per cui il giovane aveva continue occasioni di notare Gemma, specialmente quando questa era al negozio ovvero usciva per andare alla chiesa di Badia. Attraversata via Tabarani, imboccava una viuzza secondaria che menava al famoso ponte: l'una e l'altro, anche allora, luoghi d'incontri fra innamorati... Il ponte, in quel tempo, era tanto grande da permettere ai rivenditori di disporvi bancarelle e mercanzie in certi giorni di festa, come ci è stato assicurato da una signora che vi abita accanto »[7].

Suoi compagni indivisibili erano i cugini Rosa (chiamata anche Rosina) e Luigi Bartelloni, figli di una figlia avuta da Domenico in un precedente matrimonio. Rosa era molto pia e assennata. Morirà giovanissima nel 1918. Luigi, da bravo monello, si divertiva a tormentarla, perché aveva saputo chissà come, forse dallo stesso Romeo, che questi aveva puntato la cugina.

« Mi ricordo, ragazzo com'ero », dirà vari anni più tardi al Processo apostolico di Pisa, « di essermi divertito con Gemma per simil fatto. Sapevo bene che Gemma non voleva sentirne parlare di simili (cose) e appunto per questo io mi divertivo ad andarle dietro ripetendole: "Gemma e Romeo / vanno sotto il ponte di Badia / a fare all'amore". Anzi queste parole le ave-

[7] E. Zoffoli, *La povera Gemma*, p. 255.

vo anche scritte dietro la porta della cucina per fare maggiore effetto di disgusto a Gemma. Non val la pena che io rilevi che quanto dicevo non era vero... »[8].

Gemma frequentava l'antichissima badia-santuario di San Pietro perché si confessava dal rettore della stessa, il pio e zelante canonico Domenico Masini. Situata in zona appartata, accanto al cimitero, era un luogo adatto alla preghiera e al raccoglimento, fuori dalle distrazioni delle attività casalinghe e del negozio di mercerie degli zii. Soprattutto lontano da sguardi indiscreti e richieste inopportune. Gemma era particolarmente devota di una antica immagine della Madonna della Pietà, molto venerata a Camaiore.

Lo zio Domenico oltre che commerciante era consigliere comunale della cittadina. Era una persona molto buona e stimata. La vita di famiglia e del negozio era regolata come una piccola comunità, con orari inderogabili.

La mattina Gemma e Rosa andavano a messa alla Collegiata, prima dell'apertura del negozio. A mezzogiorno si chiudeva il negozio e alla mezza c'era la pausa pranzo, alla quale Domenico non rinunciava mai, lasciando anche le eventuali riunioni in Municipio. Nel pomeriggio le due ragazze andavano alla badia di San Pietro a pregare. Alle 13,45 tornavano in casa per la riapertura del negozio fino alle 18. Poi di nuovo andavano in chiesa, alla vicina Collegiata o alla badia; qualche volta andavano anche alla chiesa della Concezione a Porta nuova e tornavano per l'ora di cena. Dopo questa, seguiva la recita del rosario con le

[8] E. Zoffoli, *La povera Gemma*, p. 254.

preghiere del cristiano, guidate sempre da zio Domenico. Dopo una mezzoretta di conversazione ognuno si ritirava in camera propria. La domenica e i giorni festivi Gemma e Rosa li trascorrevano quasi sempre in chiesa, con preferenza della più raccolta badia.

Come si vede, era un orario da comunità conventuale, dove era ben organizzato il tempo per la preghiera e per il lavoro.

Nell'orto della Ghivizzona

Notevole l'episodio che ha per protagonista Romeo Dalle Lucche. Per cercare di fare breccia nell'attenzione di Gemma il ragazzo pensò di servirsi dei buoni uffici della Sandrina Balsuani, la domestica dei Lencioni. La stessa racconterà poi la scena finale.

« Costui giunse al punto di pregarmi a farmi interprete dei suoi sentimenti verso Gemma. Essendomi a ciò con sdegno ricusata, egli ebbe la sfrontatezza di scrivere una lettera a Gemma e di consegnarmela perché gliela recapitassi.

Gemma, che stava sempre dietro a me dovunque andassi, anche quando stavo in cucina a fare da mangiare e nulla faceva senza di me, ricevuta dalle mie mani la lettera, subito l'aprì e la lesse ad alta voce: era una dichiarazione di affetto. Gemma ebbe uno scatto di ripulsa e di rimprovero, esclamando: "Guarda un po' quello sciapitello; aspetta, gli scrivo due righe e tu gliele porterai" ».

Sandrina si ricusò di farle da portalettere, per cui Gemma strappò la lettera e decise di affrontare il giovane. Chiese un incontro, con tanto di testimoni, nell'orto di una certa Angelina Ghighizzola, comunemente chiamata la Ghivizzona, contiguo alla farmacia Chiappina e di fronte alla casa-negozio Lencioni.

«Dopo aver parlato con questa Ghivizzona e averle detto che Gemma aveva bisogno di parlare col giovane di farmacia Romeo dalle Lucche e che avesse fatto il piacere di permettere questo incontro nel suo orto, al quale la pregai di assistere essa pure, lasciate lì nell'orto Gemma e questa Ghivizzona, io mi portai alla farmacia per dire al giovane questa parole: "Gemma ti vuole parlare; è lì nell'orto di Ghivizzona che assieme con lei ti attende; va', ti aspetta"».

Si può facilmente immaginare con quale tumulto di sentimenti e di speranze il ragazzo lasciò la farmacia e si recò nel vicino orto, ignaro di quello che realmente l'aspettava.

«Il giovane», prosegue Sandrina, «andò subito a trovare Gemma nel luogo indicato. Io non assistei al colloquio perché andai dalla zia a raccontare l'accaduto; ma appena fatto questo, mi portai di nuovo nell'orto della Ghivizzona a prendere Gemma. Era già tutto finito; il giovane era tornato in farmacia, e Gemma sempre accompagnata con la Ghivizzona, appena mi vide esclamò: "Hai visto se me l'ho levato d'intorno? Sai che cosa gli ho detto? Gli ho detto che levi qualunque pensiero sopra di me, che non mi guardi neppure; perché son tutta di Gesù e il pensiero e affetto è tutto, solo e per sempre per Lui"»[9].

La storia, comunque, non finisce qui. Perché la zia Carolina ritornò anche in seguito sull'argomento

[9] E. Zoffoli, *La povera Gemma*, pp. 490-491; p. 504.

ma la cosa non piaceva affatto a Gemma. Per cui, una volta tornata a Lucca, scrisse alla cugina Rosina in data 6 luglio del 1896:

«Cara Rosina. Ieri sabato ricevei la tua carissima lettera; sento che tutti state bene; anche noi si sta tutti bene. Mi dicesti dell'anello che tu mi fai un regalo; no, quello no perché è troppo e poi lo sai pure che io non so come contraccambiarti.

Addio. Salutami tanto tanto lo zio e la zia e poi la Berlinda e l'Angelina e Gigina e la Sandrina e poi *nessun'altra persona.*

Addio. *Devi dire alla zia se si è anche persuasa che io non avevo idea con quello stupido di farmacia.*

Gemma».

Questo biglietto non è una lettera in busta chiusa, ma si tratta di una cartolina postale aperta, quindi leggibile da tutti. Le sottolineature sono di Gemma stessa. Con essa chiuse per sempre i sogni del povero Romeo e, per il momento, i progetti della zia Carolina. Infatti, il giovane, sebbene avesse sempre il pensiero verso Gemma, non dimostrò più di occuparsi di lei.

Fermo proposito di Gemma che ribadirà l'anno successivo, forse dopo le insistenze del Bertozzi, e che determinarono il suo ritorno definitivo a Lucca.

I rapporti con la zia, comunque, rimasero sempre più che buoni. Gli zii le avevano addirittura promesso che se restava con loro le avrebbero lasciato l'eredità uguale a quella di Rosina. Partendo da Camaiore aveva chiesto solo un po' di dote. Carolina ogni tanto mandava qualche capo di biancheria alla nipote indigente. Forse fu lei a mandarle anche « una camiciuola nuova » ma Gemma non si rassegnò a indossarla: le sembrò fosse sciupata per lei…, così afferma Giustina Giannini.

Le ultime settimane prima di morire Gemma, infine, si privò di tutto. « Si ricordò del corredo ricevuto in dono dalla zia di Camaiore, e volle che si donasse a qualche giovane che ne avesse avuto bisogno per entrare in monastero. Volle spogliarsi di tutto per morir nuda sulla croce del suo Sposo »[10], testimonierà Elisa Galgani al Processo Apostolico di Pisa.

Fermo immagine

Gemma « non era alta: un metro e sessanta circa; ma piuttosto piena e dall'aspetto floridissimo »: così viene descritta in base a testimonianze sicure. « Aveva una carnagione rosea, un volto più largo che ovale, occhi grandi e azzurri, bocca ben tagliata, mascelle robuste, volitive, naso retto, fronte ampia, capelli castani non abbondanti, divisi irregolarmente sul capo, tirati e raccolti indietro, sulla nuca. L'insieme, nonostante l'abituale sorriso, era perennemente soffuso di mestizia, inconfondibile, quella di cui solo la sventura o la passione velano il viso di una giovane donna »[11], così annota il suo biografo Enrico Zoffoli.

Le foto in bianco e nero, fattele scattare da un fotografo lucchese per ordine di padre Germano tra il 1900 e il 1902, sono straordinarie. La più toccante è

[10] E. Zoffoli *La povera Gemma*, p. 743; p. 749, nota 148.
[11] E. Zoffoli, *La povera Gemma*, pp. 419-420.

quella che la ritrae di profilo, in atteggiamento orante, immagine tanto cara ai suoi devoti; è il suo modo di pregare, certo, da cui traspare tutto il suo slancio mistico, ma è molto convenzionale. La foto che la ritrae in estasi dolorosa è mal riuscita per la cattiva esposizione alla luce, ma è impressionante nella riproduzione pittorica di G. Francisi. È un volto totalmente trasfigurato, assorbito in pieno dal mistero che le si rivelava.

La foto più suggestiva sembra quella che la ritrae a poco più di ventidue anni. Per i Giannini è quella più fedele. « Il fotografo l'aveva pregata di non muoversi e di fissare l'obiettivo ». Per questo, sempre a dire dei Giannini, appare come preoccupata.

È un volto angelico, quello di Gemma? Certo che sì , ma la Gemma di questa fotografia, non è ancora risorta. Il suo cammino verso la gloria è ancora lungo e doloroso, la trasparenza del divino, però, è straordinaria. È il volto di una donna, ancora legata alla povera misura del tempo, ma che alla luce della fede vive oltre il tempo e lo spazio. È il volto, lo sguardo, di un'anima umile e regale, del tutto immersa nel mistero di una Presenza amorosa e dolorosa, per la quale pregustava già l'eternità, oltre le apparenze e l'effimero delle immagini di questo mondo.

Camaiore addio

Camaiore è stato un luogo particolare per Gemma.

Gli storici, gli studiosi e soprattutto i devoti della santa, non possono certo omettere di ricordare questo periodo della sua vita e questo luogo: Camaiore, che sembra perdersi, in apparenza, nella cronaca spicciola di un piccolo borgo. Tale era Camaiore all'epoca. È stato, invece, il luogo dove la santa ha dichiarato in faccia al mondo la sua rinuncia radicale e il suo totale amore verso Gesù, povero e crocifisso.

A Camaiore Gemma non tornerà mai più; resta comunque come cifra di una rinuncia fatta senza pentimenti, per un amore più grande, crocifiggente, che non tarderà a bussare presto, molto presto alla sua porta.

Il periodo camaiorese è stato il tempo e il luogo delle risoluzioni irrevocabili di una donna giovane, bella, determinata a seguire fino in fondo, giocando tutta la sua vita, senza nessun ripensamento, l'amore di Cristo che la invitava in modo sempre più deciso verso i risolvimenti del Calvario.

L'ultimo suo soggiorno a Camaiore deve essere stato piuttosto breve, di qualche mese o poco più. Qualche biografo parla addirittura di una permanenza di dieci mesi, ma per altri riscontri non si può forse andare oltre il febbraio-marzo del 1898.

Sempre a Camaiore, Gemma cominciò ad avvertire i primi sintomi della malattia nella zona renale, che si sarebbe manifestata nella sua devastante gravità nei mesi successivi. Gli zii, sempre premurosi, volevano che la nipote si curasse a Camaiore ma lei insistette per tornare a Lucca.

L'addio fu denso di commozione e di rimpianto da parte degli affezionati parenti e conoscenti.

5

« Prima l'anima e poi il corpo! »

Gemma parte da Camaiore con una fortissima determinazione: quella di essere solo ed esclusivamente di Gesù. Non le interessa più il discreto benessere e l'operosità che godeva a Camaiore, dove non le mancavano, peraltro, il tempo per la preghiera, il raccoglimento, la frequenza dei sacramenti, soprattutto nella prediletta badia di San Pietro e la compagnia della cuginetta Rosa, sinceramente devota come lei. Pur in mezzo alle faccende domestiche e al servizio in negozio, aveva tutto l'agio di pregare e di coltivare una buona vita spirituale.

Le comprensibili e legittime insistenze della zia Carolina perché trovasse una sistemazione matrimoniale decorosa, secondo le normali aspirazioni di famiglia, non la toccano per nulla, anzi, come abbiamo visto, le hanno creato disagio e determinazione a « cambiare aria » per evitare altre proposte e altre tensioni emotive. La decisione di tornare a Lucca sarà sembrata a tutti i parenti, amici e conoscenti davvero incomprensibile. Tutto sommato è misteriosa pure per noi. Però manifesta la sua fortissima determinazione a non essere disturbata nel suo fermo proposito di consacrarsi al Signore.

La ragazza cerca ben altro e a ben altro viene chiamata. Questa sua vocazione-missione passa per il crivello della sofferenza. Gli acerbi lutti che l'hanno colpita sono stati già una scuola di purificazione e di ricerca dell'essenziale. Ora l'attende anche la prova scarnificante di una malattia mortale, dopo aver già assaggiato il dolore fisico con il raschiamento del tumore al piede.

Nel fiore dei suoi vent'anni, Gemma nell'inverno 1898-99 si ammala e in modo molto grave. Si trattò all'inizio di un profondo ascesso alla regione lombare che minacciava il rene, come diagnosticò il dottor Del Prete. Questi ebbe un consulto con altri due colleghi che diagnosticarono la tabe dorsale. Provarono a curarla con due « bottoni di fuoco », poi con iniezioni di glicerina iodoformica. Gli ascessi, però, si ripeterono e minacciarono anche la meninge. Subentrò la paralisi degli arti inferiori, l'osteite alle vertebre lombari e l'otite purulenta, che la rendeva quasi del tutto sorda. Per evitare l'incurvatura definitiva della schiena le fu messo un busto di ferro, preparato dal signor Redini di Pisa.

Quadro clinico di impressionante gravità, dunque, letto da qualche interprete della santa, senza essere debitamente informato delle sue patologie, come somatizzazione delle sue risoluzioni psico-affettive prese a Camaiore.

La giovane resta quasi un anno inchiodata al letto. Sembra data per spacciata dai medici, dopo che avevano tentato varie cure, anche molto dolorose.

«Giunta che fui a Lucca, mi trascinai per alcun tempo ammalata; non volli mai obbedire a farmi visitare dal medico (perché non volevo mai che nessuno mi mettesse le mani addosso, e mi vedesse).

(...) Già da gran tempo sentivo dolore in quella parte (le reni); ma da me stessa non volevo né toccare né guardare, e questo perché da piccola avevo udita una predica, e avevo ascoltate queste parole: "Il nostro corpo è il tempio dello Spirito Santo". Quelle parole mi colpirono, e più che ho potuto, ho custodito più che ho potuto[1] il mio corpo.

Il medico, dopo che mi ebbe visitata, chiese un consulto. Che pena, babbo mio, dovere farmi scoprire! Ogni volta che sentivo il medico, piangevo. Dopo il consulto andai sempre in peggio e fui costretta a mettermi a letto, senza potermi più muovere. Adoperavano ogni rimedio, ma invece di farmi bene mi facevano male. Nel letto ero inquieta, di noia a tutti.

Il secondo giorno che fui a letto, non trovavo pace, e scrissi a monsignore che volevo vederlo. Venne subito, e feci la confessione generale; non già perché stessi male, ma per trovare la pace di coscienza, che avevo perduta. Dopo confessata tornai in pace con Gesù, e per darmene un segno la sera stessa mi dette di nuovo un dolore forte de' miei peccati.

(...) I medici vedevano che ogni cura era inutile, mi abbandonarono affatto; solo di quando in quando venivano, quasi direi, per complimento.

In questa malattia, che quasi tutti i medici avevano dichiarata per spinite, uno solo insisteva dicendo che

[1] Come si vede è scritto due volte *più che ho potuto*. Sarà una svista, ma la ripetizione sembra avere una particolare efficacia.

era isterismo. Stavo nel letto sempre in una posizione, da me stessa mi era impossibile muovermi; per avere alle volte un po' di sollievo, dovevo pregare quei di casa che mi aiutassero ad alzare ora un braccio, ora una gamba: ogni cura l'avevano per me, e io al contrario non avevo per loro che cattive maniere e rispostacce »[2].

Dopo l'operazione chirurgica, molto dolorosa ma praticamente inutile, cogliamo nella vita di Gemma un assiduo fiorire di presenze soprannaturali che diventeranno abituali fino alla fine della sua vita. Attorno a lei figure amiche e devote si preoccupano di farla pregare i santi per ottenere la guarigione.

La signora Martinucci, amica di famiglia andata in visita, le consiglia di pregare il passionista Gabriele dell'Addolorata (+ 1862), le presta una copia della biografia del giovane studente scritta dal padre Germano Ruoppolo, che aveva avuto a sua volta in lettura da Cecilia Giannini.

Don Andrea Bartoloni Saint-Omer, cugino di monsignor Volpi, che era stato in pellegrinaggio a Paray-le-Monial le raccomanda di pregare la beata

[2] *Autobiografia*, in *Lettere e scritti*, pp. 536-537. « Gemma », leggiamo nella nota 140, « è sempre severa nel giudicare se stessa, ma la sua ex-maestra suor Giulia Sestini, testimonierà della sua rassegnazione del desiderio del cielo » (*Positio super virtutibus*, Sum., N..XI, § 1). E la zia Elisa: « Chiamato il dottore Del Prete, sebbene Gemma si dimostrasse anche questa volta contraria a farsi visitare, dopo un coscienzioso esame dell'ammalata, disse: "Bisognerà darle il fuoco a questa figliuola". E Gemma sorridendo disse: "Me lo dà Lei, dottore?". Infatti vennero i dottori Del Prete e Pfanner e applicarono alle reni due bottoni di fuoco, essendo presente la mia sorella Elena; poiché io non ebbi la forza di presenziare. Gemma soffrì moltissimo, ma disse mia sorella che mai uscì di bocca sua una parola di lamento. Il dottor Pfanner stesso parlando dell'operazione fatta a Gemma disse alla mia sorella Elena: "Se ne stette buona buona, indifferente all'atto chirurgico" » (§ 16), pp. 537-538.

Margherita Maria Alacoque. Lo stesso sacerdote, addetto come cappellano alla parrocchia di San Frediano, testimonierà che le portava la comunione tutti i sabati, per la *Quindicina* della Madonna di Pompei. Le faranno visita tante buone persone, tra queste suor Maria Angela Ghiselli delle Barbantini e l'ex-insegnante suor Giulia Sestini delle Zitine.

Gesù la consola visibilmente. Dopo aver fatto da monsignor Volpi la confessione generale sente che Gesù le dà un forte dolore dei suoi peccati. L'angelo le parla e l'incoraggia[3]. Desidera confessarsi e comunicarsi tutti i giorni. Gesù, una mattina, dopo la comunione la rimprovera perché non accetta con più serenità il suo stato di inferma.

«Gesù un po' forte si fece sentire, e mi fece un forte rimprovero, dicendomi che ero un'anima debole. "È il tuo cattivo amor proprio, che si risente per non poter fare ciò che fanno gli altri", mi diceva, "o per la troppa confusione che provi nell'aver bisogno del soccorso altrui; se tu fossi morta a te stessa, non saresti così inquieta".

Quelle parole di Gesù mi fecero bene, e per qualche tempo me ne stetti sempre allegra di spirito»[4].

La gioia interiore, rifletterà più tardi, l'aveva fortificata ma non ancora convertita. Infatti è presa da scoramento. La biografia di Gabriele dell'Addolorata era rimasta sul comodino. Non l'aveva ancora letta,

[3] «O quante volte nella mia lunga malattia mi faceva sentire al cuore parole consolanti! Ma mai ne facevo conto» (*Autobiografia*, in *Lettere e scritti*, p. 538).

[4] *Autobiografia*, in *Lettere e scritti*, pp. 538-539.

forse perché stanca, oppure perché colta da abbattimento, tanto facile per malati lungodegenti senza concreta speranza di guarigione. Subentrò, poi, una forte tentazione del demonio ma si riprese pensando, come in un lampo, al giovane passionista che veniva invocato per lei dalle sue zie, dagli altri di casa, dalle amiche venute in visita.

« Un giorno ero sola, era mezzogiorno passato: mi venne una forte tentazione, e dicevo tra me che ero annoiata e lo stare a letto mi era venuto a noia. Il demonio si valse di questi pensieri e cominciò a tentarmi, dicendo che, se avessi dato retta a lui, mi avrebbe guarita, e avrebbe fatto tutto quello che avessi voluto. Babbo mio, fui quasi sul punto di cedere; ero agitata, mi davo per vinta. A un tratto mi viene un pensiero: corsi con la mente al V. G. (Venerabile Gabriele) e forte dissi: "Prima l'anima e poi il corpo!".

Nondimeno il demonio continuava con assalti più forti: mille pensieri brutti mi balenavano per la mente. Di nuovo ricorsi al V. G. e col suo aiuto vinsi; tornai in me, mi feci il segno della Santa Croce e in un quarto d'ora tornai a unirmi col mio Dio, da me tanto disprezzato. Mi ricordo che quella sera stessa cominciai a leggere la vita di C. (Confratel) Gabriele. La lessi più volte: non mi saziavo mai di rileggerla e ammirare le sue virtù e i suoi esempi. I propositi erano molti, ma i fatti nessuni »[5].

Gesù, l'Angelo, il demonio. Ecco i protagonisti del dramma che comincia a prendere uno slancio inarrestabile. La vita spirituale di Gemma, attraver-

[5] *Autobiografia*, in *Lettere e scritti*, p. 539.

so la prova del dolore e della malattia, subisce una impennata decisiva. Manca ancora un personaggio. Anche lui entra in scena. È il giovane passionista che si china sul letto di dolore della povera ragazza, stritolata dal male, divorata dal dolore, oppressa dalle tentazioni, eppure sempre assidua, come meglio può, a coltivare la sua vita interiore, la frequenza dei sacramenti. Non le manca in questi frangenti la sensibile presenza del divino, del soprannaturale.

Le tentazioni di cui lei parla erano vere e proprie suggestioni al cedimento oppure erano frutto dei suoi pensieri, ormai vacillanti e dubbiosi sulla risoluzione positiva di tante sofferenze? Il risultato, comunque, la sua reazione, restano invariati: « Prima l'anima e poi il corpo! », pensando proprio a Gabriele e alla sua accettazione della morte in giovanissima età.

Oltre a decidersi a leggere la biografia del giovane passionista, Gemma mette una sua immaginetta sotto il guanciale e comincia, misteriosamente, a sentirselo vicino: « Sentivo la sua presenza (senza saperlo ben spiegare) ».

« Da quel giorno che il mio nuovo protettore V. G. (Venerabile Gabriele) mi aveva salvata l'anima, cominciai ad averne divozione particolare: la sera non trovavo il sonno, se non aveva l'immagine Sua sotto al guanciale, e cominciai fino d'allora a vedermelo vicino (qui, babbo mio, non so spiegarmi: sentivo la sua presenza). In ogni atto, in ogni azione cattiva che avessi fatta, mi tornava alla mente C. (Confratel) Gabriele, e mi astenevo. Non mancavo ogni giorno di pregarlo con queste parole: « Prima l'anima che il corpo »[6].

[6] *Autobiografia*, in *Lettere e scritti*, p. 540.

Cecilia Giannini, non conoscendola ancora bene, rivuole indietro la biografia di Gabriele, con grande suo dispiacere. L'aveva letta e riletta tante volte. La notte stessa è Gabriele che le appare, vestito di bianco e poi le mostra la tonaca passionista con lo stemma. Le fa baciare la tonaca e la corona del rosario pendente dalla cintola e le chiede se le vuole bene.

Nei lunghi mesi di malattia Gemma aveva pensato di farsi suora delle Barbantini; una volta guarita, ne aveva parlato addirittura con la maestra delle novizie, suor Leonilda. Il 7 dicembre del 1898, con il permesso di monsignor Volpi, rinnova per sempre il voto di verginità (che già aveva fatto la prima volta nel Natale del 1896), voto legato a quello di farsi suora.

La notte stessa vede in sogno (o le appare?) Gabriele che le dice di fare sì il voto di essere religiosa ma di « non aggiungere altro », cioè di non specificare in quale istituto di suore doveva aggregarsi. La guarda e le sorride. Lei gli bacia l'abito come la prima volta, lui si toglie lo stemma della passione che aveva sul petto, glielo fa baciare e poi glielo pone sul petto sopra le lenzuola. Ripete di nuovo: « Sorella mia! » e poi scompare. Gemma dirà che sul lenzuolo, la mattina, non c'era nulla. Si accosta alla comunione, fa la sua promessa, senza aggiungere nulla. Si nutre pochissimo, il male sembra fare inesorabilmente il suo corso.

Il 4 gennaio del nuovo anno le vengono applicati ben dodici « bottoni di fuoco » sulla schiena[7]. Una

[7] Leggiamo nel *Dizionario universale critico enciclopedico della lingua italiana*, dell'abate D'Alberti di Villanova, Lucca 1797: « Bottone di fuoco: dicesi dai chirurghi lo strumento di ferro che ha in cima una pallottola a guisa di bottone, di cui infuocato si servono per incendere ».

vera tortura che sembra non portarle nessun giovamento. Il 24 dello stesso mese si scopre che ha pure un tumore al cervello, inoperabile[8]. Il 2 febbraio riceve la comunione in forma di viatico: per i medici non avrebbe passato la notte. Il professor dottor Tommasi asserisce sicuro che quando avrà terminato di emettere quei gemiti involontari, si avvicinerà alla sua morte.

La novena per la guarigione

La sua cara ex-maestra suor Giulia e il suo confessore, monsignor Volpi, l'esortano a raccomandarsi all'intercessione della beata Margherita Maria Alacoque. Gemma, a fatica, inizia la novena alla beata il 19 febbraio: è la prima domenica di Quaresima. La tralascia, però, al terzo giorno. Gabriele dell'Addolorata si incaricherà di ricordargliela. È Gemma stessa che qualche giorno dopo la guarigione stenderà in tutti i particolari il cammino verso la completa guarigione[9].

La sera del 22 febbraio, mercoledì, la sua stanza diviene totalmente immersa nel buio. È spento anche il lumino notturno. L'inferma sente una voce all'orecchio sinistro: «Gemma, che fai? Hai cominciato la novena alla beata Margherita per ottenere la grazia

[8] Francamente non si capisce come i medici abbiano potuto accertare un tumore cerebrale con gli strumenti diagnostici dell'epoca. Ci limitiamo a registrare le testimonianze coeve.

[9] *Relazione sulla guarigione*, in *Lettere e scritti*, pp. 695-701. Gemma la redasse il 9 marzo 1899. Dalla narrazione si deduce che la *voce* e la presenza ultraterrena non siano altri che Gabriele dell'Addolorata, venuto a sostenere la malata nell'impegno di pregare.

e te la sei subito dimenticata; ti pare che questo sia il modo di domandare le grazie? ».

Gemma, presa da una gran paura, afferra come può il crocifisso che ha appeso al collo e lo stringe con la mano destra.

Cerca di chiamare la zia per farle accendere il lume e sente posarsi una mano sulla fronte e la stessa voce le sussurra: « Che hai? ».

« Ho paura » e chiama zia Elisa.

« Zitta zitta », riprese la voce, « sta' buona, di che hai paura? ».

La mano sulla fronte passa sul lato sinistro della fronte stessa, mentre Gemma sente che con l'altra mano le viene presa la mano sinistra, senza che ella la muova. La ragazza asserisce che le mani erano molto calde, specialmente quella posata sulla fronte. Passato il comprensibile timore, Gemma resta immobile, si sente bene e non avverte nessun dolore. La voce si lamenta che la beata Margherita sia afflitta perché Gemma prega poco e con nessuna devozione. Vorrebbe guarirla per farla tutta sua ma non può, il Cuore di Gesù la trattiene. Vuole promettere che ricomincerà la novena ma lo pensa senza dirlo.

Dopo due minuti la stessa voce le dice di ricominciare a fare la novena al Cuore di Gesù, insieme, con quella alla beata Margherita; poi finite le prime, un'altra novena alla beata Margherita, da sola. Finalmente sente levarsi la mano dalla fronte e sente di poter fare il segno della croce, poi di nuovo la mano si posa sulla fronte. Quando le mani non si posano più sulla fronte la malata sente di nuovo dolore.

La visita, con la stessa procedura di preghiera e di applicazione pranoterapeutica, continua per nove sere consecutive. La giovane scriverà che si addormentava al termine dei nove *Pater*, però appena sveglia diceva le preghiere per la novena della beata Margherita.

Queste apparizioni, nel cuore della notte solitamente non avevano testimoni, anche se dal 16 gennaio c'era sempre qualcuno ad assisterla. Solo Letizia Bertuccelli, una notte, ha modo di vedere e ascoltare qualcosa dell'arcana conversazione. La racconterà solo dopo la morte della giovane, come aveva promesso alla stessa. La quinta notte della novena la malata sente suonare le 11 e un quarto e arriva la visita. Pregano insieme come al solito, quindi si addormenta e si risveglia poco dopo allo scoccare della mezzanotte.

Il 2 marzo è l'ultimo giorno della novena. La solita voce le dice di terminare la novena alla beata Margherita: non avverte le mani sulla fronte e sulla mano come nei giorni precedenti. Gesù è contento di lei, aggiunge la voce, e anche la beata Margherita ha ottenuto la grazia di poterla guarire. Quindi le viene chiesto di promettere di farsi monaca visitandina. Lei risponde che è da tanto tempo che ha quel desiderio. Le viene rivolta un'altra richiesta: di chiamare monsignor Volpi per confessarsi, ricevere la comunione e poi di alzarsi perché sarebbe guarita. La giovane si sgomenta un po' a questa promessa e si chiede perché la beata Margherita pensa a lei quando lei non ci pensava. La voce le ribatte che la beata vuole farle tante grazie anche se lei è trascurata e vuole farla tornare a Gesù. Sente di nuovo posarsi la mano sulla fronte e poi si sente baciare, quindi si addormenta. Quando si risveglia il lume è acceso. Al momento del bacio aveva avvertito l'alito della persona sul viso. È contenta della visita e alla fine ci prende confidenza, come è solita fare con le persone che l'amano e la rispettano.

La mattina del 3 marzo, dunque, si confessa dal prelato e si prepara a fare la comunione, aiutata nella recita delle preghiere dalla sorella Giulia. Si assopisce (o va in estasi?) e di nuovo la voce le dice che ricevendo Gesù otterrà la guarigione. Quando Giulia la scuote, Gemma sente ancora la mano sulla fronte ma la stanza non diviene buia come nei giorni precedenti. La malata vede entrare il sacerdote e dietro di lui parecchie persone, vede che le dà la benedizione, sente quando riceve la particola, poi si assopisce di nuovo e non si accorge quando la gente è andata via; sente sempre la mano sulla fronte. Molti di quelli che avevano accompagnato il sacerdote per la comunione pensavano che la giovane era ormai moribonda. Dopo la comunione la voce l'esorta a fare bene il prossimo mese del Sacro Cuore di Gesù per consacrarsi tutta a lui. Con tutta la lucidità di cui è capace Gemma rinnova le promesse a Gesù in forma mentale. Si sente molto contenta, tranquilla.

Qualche minuto dopo viene scossa dalla zia che è venuta a portarle un po' di colazione e lei stessa si accorge di avere le mani giunte. Appena è scossa dalla zia si sente le membra sciolte, poteva muovere benissimo il braccio e la gamba, dopo tanti mesi di immobilità. Vorrebbe alzarsi ma è troppo debole. Per questo si mette a sedere sul letto e fa colazione senza la nausea che ormai le era abituale nell'assumere cibo. Fa per chiamare la sorella Giulia perché chiami la zia (un po' sordastra) perché si vuole alzare. Aiutata finalmente dalla zia si alza, si veste ma è debolissima. Da quel giorno, 3 marzo, lei stessa dice di sentirsi benissimo. Due ore prima della guarigione Gesù stesso le aveva parlato:

« "Figlia", mi diceva Gesù abbracciandomi, "io mi do tutto a te, e tu sarai tutta mia?". Vedevo bene che Gesù mi aveva tolto i genitori, e alle volte mi disperavo, perché credevo di essere abbandonata. Quella mattina me ne lamentai con Gesù, e Gesù sempre più buono, sempre più tenero mi ripeteva: "Io, figlia, sarò sempre con te. Sono Io tuo Padre, la mamma tua sarà quella...", e m'indicò Maria SS. Addolorata. "Mai può mancare la paterna assistenza a chi sta nelle mie mani; niente dunque mancherà a te, quantunque ti abbia tolta ogni consolazione e appoggio su questa terra. Vieni, avvicinati... sei mia figlia... Non sei felice di essere figlia di Gesù e di Maria?". I tanti affetti, che Gesù mi aveva fatti nascere nel cuore, m'impedirono di rispondere.

Passarono due ore appena, e mi alzai. Quei di casa piangevano per l'allegrezza; io pure ero contenta, non per la riacquistata salute, ma perché Gesù mi aveva eletto per sua figlia. Mi disse Gesù prima di lasciarmi quella mattina: "Figlia mia, alla grazia che ti ho fatto stamattina ne seguiranno ancora, molto maggiori". Ed è stato purtroppo vero, poiché Gesù mi ha sempre protetta in modo speciale: per Lui non ho avuto che freddezza, indifferenza, e Lui non mi ha ricambiata che con segni infiniti di amore ».

La ragazzina del miracolo

Una volta guarita cresce sempre di più il suo desiderio di partecipare, soffrendo, alla passione di Gesù, anzi, dopo la guarigione, durante i mesi di aprile e maggio, si immerge sempre più nella contemplazione estatica della passione di Gesù.

« La grave e dolorosa malattia", scrive Cornelio Fabro, "aveva dato alla sensibilità, dotata di eccezionale profondità, della sua anima, l'esperienza del nulla della vita, del vuoto dei suoi piaceri e miraggi e della liberazione agognata nella meditazione della morte »[10].

« Il secondo Venerdì di Marzo del 1899 uscii per la prima volta a fare la SS. Comunione, e d'allora in poi non l'ho più lasciata; solo qualche volta, perché i miei tanti peccati me ne rendevano indegna, o per castigo del proprio Confessore ».

L'angelo custode le appare sempre più spesso e la rimprovera severamente se si distrae e perde il raccoglimento interiore.

Durante la settimana santa (27 marzo-1 aprile) Gemma è favorita da locuzioni e visioni del Crocifisso che sempre più decisamente la immergono nella contemplazione del mistero d'amore e di dolore della passione di Gesù con una acuta percezione dei suoi peccati. Il turbamento di fronte al Crocifisso per i suoi peccati si placa e subentra una grande tranquillità di spirito. La mistica è nel suo centro vitale, amoroso e doloroso insieme.

« Eravamo intanto alla Settimana santa, era Mercoledì; il Confessore credette di farmi alla fine fare

[10] C. Fabro, *Gemma Galgani, testimone del soprannaturale*, Ed. CIPI, Roma s.d.

la confessione generale, come io da gran tempo ne mostravo il desiderio; scelse appunto quella sera di Mercoldì e ben tardi. Gesù per sua infinita misericordia mi dette un dolore fortissimo dei miei peccati, ed ecco in che modo. Il Giovedì sera cominciai per la prima volta a fare l'Ora santa (avevo promesso al Cuor di Gesù che, se fossi guarita, ogni giovedì avrei fatto immancabilmente l'Ora santa). Era la prima volta che la facevo alzata; anche gli altri Giovedì la facevo, ma nel letto, perché il confessore non mi permetteva di farla alzata per l'estrema debolezza che avevo. Ma dalla confessione in poi mi permise tutto.

Mi misi dunque a fare l'Ora santa; ma mi sentivo così ripiena di dolore de' miei peccati, che passai giorni di martirio continuo. In mezzo però a questo dolore infinito, mi rimaneva un conforto: quello di piangere: conforto insieme e sollievo. Passai l'ora intera pregando e piangendo; infine, stanca come ero, mi misi a sedere; il dolore continuava. Mi sentii poco dopo raccogliermi tutta, e dopo poco, quasi tutto a un tempo, mi vennero a mancare le forze (potei alzarmi a stento e chiudere le porte di camera a chiave). Dove mi trovai? Babbo mio, mi trovai dinanzi a Gesù crocifisso allora allora. Versava sangue da tutte le parti. Abbassai subito gli occhi, e quella vista mi turbò assai; mi feci il segno della santa Croce; dopo il turbamento successe presto la tranquillità di spirito. Ma continuavo anche più forte a sentire dolore dei peccati; non alzai mai gli occhi per guardare Gesù: non ne ebbi mai il coraggio; mi misi in terra con la fronte, e così stetti per più ore. "Figlia", mi disse, "vedi: queste piaghe le avevi tutte aperte per i tuoi peccati; ma ora consolati, ché le hai tutte chiuse col tuo dolore. Non mi offendere più. Amami, come io ti ho sempre amato. Amami", mi ripeté più volte.

Quel sogno si dileguò e tornai in me; cominciai fino d'allora ad avere un orrore grande per il peccato (la grazia più grande che mi ha fatto Gesù). Le piaghe di Gesù rimasero sì bene nella mia mente, che non si sono più cancellate »[11].

In questa profonda esperienza mistica della passione di Gesù, unita all'acuta e quasi insopportabile percezione dei peccati, si delinea chiaramente il rapporto di Gemma con Gesù e quindi anche la sua vocazione e missione.

Con molta acutezza Cornelio Fabro al riguardo dice, tra l'altro, che sono tre i momenti fondamentali del rapporto dei mistici con il peccato. Innanzi tutto essi si sentono grandi peccatori. Nella loro anima è viva la presenza dei dolori di Cristo nella presentazione in atto dei principali tormenti fisici e morali della Passione. Infine, la partecipazione dei mistici alle sofferenze di Cristo si esprime in una crescente repulsione-attrazione fra natura corrotta e movimenti della misericordia[12].

Il Crocifisso risorto vuole essere amato dalla giovane in modo totale, a imitazione del suo stesso amore. Gesù vuole che Gemma lo segua, lo imiti in tutto, per diventare anche lei vittima d'amore per la salvezza dei peccatori. Il peccato anche minimo, anche il più piccolo difetto, può ostacolare questa libera circolazione amorosa tra lo Sposo crocifisso e

[11] C. Fabro, *Gemma Galgani, testimone*..., pp. 546-547.
[12] C. Fabro, *Gemma Galgani, testimone*..., pp. 24-25.

la giovane mistica. Per questo va rimosso con implacabile diligenza.

Nella mente di Gemma, nel suo spirito, si opera una impressione permanente delle piaghe di Gesù, preludio alla grazia grandissima della stimmatizzazione. La vera vocazione di Gemma, legata a una missione speciale, si sta delineando in modo sempre più chiaro.

6

La notte delle fiamme di fuoco

La settimana santa del 1899

Il 31 marzo del 1899 è venerdì santo. Gemma vive in profonda comunione con Gesù crocifisso, anche se non può andare in chiesa a partecipare alle suggestive celebrazioni del venerdì santo. Nella sua *Autobiografia* parla di una sorta di comunione mistica che l'unisce intimamente a Gesù. Prega insieme all'angelo custode, assiste Gesù nelle ore di agonia, compatisce la Vergine Addolorata.

« Fu questa la prima volta e anche il primo Venerdì, che Gesù si fece sentire all'anima mia così forte; e benché non ricevessi, perché era impossibile, dalle mani del sacerdote Gesù vero, pure Gesù venne da sé e si comunicò a me. Ma fu così forte quella nostra unione, che io rimanevo come stupida »[1].

Gesù la stimola ad amarlo sempre di più. La considera e chiama figlia e sposa. Gemma ha orrore del peccato ma è consapevole di commetterne ancora. Fa fatica a parlare con il confessore, monsignor Vol-

[1] *Autobiografia*, in *Lettere e scritti*, p. 547.

pi, di quello che sperimenta e ne è rimproverata con durezza dall'angelo. Si pente di questo, recita l'atto di dolore e l'angelo la perdona a nome di Gesù. Il Signore non vuole che si distragga con discorsi frivoli e mondani, neppure con le sue amiche. Dopo che ha visto Gesù grondante sangue, vuole fare qualcosa di più concreto per corrispondere a questo amore; chiede consiglio al suo confessore che si limita però a dirle che l'amore si apprende amando. Allora escogita da sola qualche penitenza corporale molto cruenta[2].

«Ma ciò che mi affliggeva, era il non poter amar Gesù come avrei voluto; mi davo premura di non offenderlo, ma la mia cattiva inclinazione al male era sì forte, che senza una grazia speciale di Dio sarei caduta all'inferno»[3].

Si susseguono le locuzioni interiori e le apparizioni di Gesù crocifisso che la spingono ad amarlo e a imitarlo con sempre maggiore slancio con un crescente desiderio di soffrire con lui e per lui.

«Mi dava pensiero il non saperlo amare, ma Gesù, che nell'infinita sua bontà non si vergognava di umiliarsi fino a farsi mio maestro, un giorno per rendermi tranquilla, in tempo che facevo le preghiere della sera, mi sentii tutta internamente raccogliere, e

[2] *Autobiografia*, in *Lettere e scritti*, p. 549. «L'altra cosa che mi nacque in cuore, dopo avere veduto Gesù, fu un gran desiderio di patire qualche cosa per Lui, vedendo che aveva patito tanto per me. Cominciai fino d'allora a provvedermi di una grossa fune, che all'insaputa di tutti tolsi dal pozzo; ci feci parecchi nodi e me la posi alla vita. Non feci in tempo però a tenerla neppure un quarto d'ora, che l'Angelo custode rimproverandomi me la fece togliere, perché non ne avevo chiesto il permesso al Confessore; glielo chiesi poco dopo, e ottenni il permesso».

[3] *Autobiografia*, in *Lettere e scritti*, p. 549.

mi trovai per la seconda volta davanti a Gesù Crocifisso, che mi disse queste parole: "Guarda, figlia, e impara come si ama", e mi mostrò le sue cinque piaghe aperte. "Vedi questa croce, queste spine, questo sangue? Sono tutte opere di amore, e di amore infinito. Vedi fino a qual segno io ti ho amato? Mi vuoi amare davvero? Impara prima a soffrire. Il soffrire insegna ad amare" »[4].

Gemma prova a quella vista un nuovo dolore, e pensando all'amore infinito di Gesù, e ai patimenti che aveva sofferti per la salvezza degli uomini, addirittura sviene, cade per terra, e si riprende dopo parecchie ore. Tutto quello che le accadeva durante queste elevazioni mistiche, erano consolazioni grandissime che, dirà, « se anche le avesse prolungate per più ore, non si sarebbe mai stancata ».

« Ogni Giovedì continuavo a fare l'Ora santa, ma mi accadeva alle volte che quest'ora durasse fino anche circa le due, perché me ne stavo con Gesù, e quasi sempre mi faceva parte di quella tristezza che provò nell'Orto alla vista di tanti peccati miei e di tutto il mondo: una tristezza tale, che può ben paragonarsi all'agonia della morte. Dopo tutto questo rimanevo in una calma così soave e in una consolazione, che bisognava che mi sfogassi in lacrime, e queste lacrime mi facevano gustare un amore incomprensibile, e aumentavano in me il desiderio di amar Gesù e patire per Lui »[5].

[4] *Autobiografia*, in *Lettere e scritti*, p. 549.
[5] *Autobiografia*, in *Lettere e scritti*, pp. 549-550.

Dalle Visitandine

Nel maggio dello stesso anno entra nel monastero delle Monache claustrali Visitandine, partecipa a un corso di esercizi spirituali e si trattiene per qualche altro giorno in monastero. Ma non si trova a suo agio; comunque desidera lo stesso restare in clausura perché si sente chiamata alla vita consacrata con sempre maggiori impulsi. Il 21 maggio esce di clausura e torna dai suoi in via del Biscione. Nei giorni seguenti tenta invano di farsi accettare in monastero. Ma neppure lei è convinta del tutto, e Gesù non manca di consolarla con tante grazie.

L'8 giugno: le stimmate

Arriviamo, così, alla data più importante della vita di Gemma: l'8 giugno del 1899. È il giovedì dell'ottava del *Corpus Domini* e vigilia della festa del Sacro Cuore di Gesù. Leone XIII l'11 maggio, festa dell'ascensione del Signore, aveva proclamato l'anno santo, il Giubileo del nuovo secolo. La giornata trascorre nel modo consueto, la vita di preghiera si mescola alle faccende domestiche nella casa di via del Biscione. Gesù, durante la comunione fatta la mattina, l'aveva avvisata che la sera le avrebbe fatta « una grazia grandissima ». Gemma non ha nessuna idea di quello che le sta per accadere. Giunge la sera e si raccoglie in preghiera nella sua povera stanzetta.

Lasciamo la parola a Gemma stessa. Le sue sono parole di fuoco e di luce.

«Eravamo alla sera: tutto a un tratto, più presto del solito, mi sento un interno dolore dei miei peccati; ma lo provai così forte, che non l'ho più sentito; quel dolore mi ridusse quasi direi lì lì per morire. Dopo questo mi sento raccogliere tutte le potenze dell'anima: l'intelletto non conosceva che i miei peccati e l'offesa di Dio; la memoria tutti me li ricordava, e mi faceva vedere tutti i tormenti che Gesù aveva patito per salvarmi; la volontà me li faceva tutti detestare e promettere di voler tutto soffrire per espiarli. Un mucchio di pensieri si volsero tutti alla mente: erano pensieri di dolore, di amore, di timore, di speranza e di conforto.

Al raccoglimento interno successe ben presto il rapimento dei sensi, e io mi trovai dinanzi alla Mamma mia celeste che avea alla sua destra l'angelo mio custode, che per il primo mi comandò di recitare l'atto di contrizione.

Dopo che l'ebbi terminato, la Mamma mi rivolse queste parole: "Figlia, in nome di Gesù ti siano rimessi tutti i peccati". Poi soggiunse: "Gesù mio figlio ti ama tanto e vuol farti una grazia; saprai tu rendertene degna?". La mia miseria non sapeva che rispondere. Soggiunse ancora: "Io ti sarò madre, ti mostrerai tu mia vera figlia?". Aperse il manto e con esso mi ricoprì.

In quell'istante comparve Gesù, che aveva tutte le ferite aperte; ma da quelle ferite non usciva più sangue, uscivano come fiamme di fuoco, che in un momento solo quelle fiamme vennero a toccare le mie mani e i miei piedi e il cuore. Mi sentii morire, sarei caduta in terra; ma la Mamma mi sorresse, ricoperta sempre col suo manto. Per parecchie ore mi convenne rimanere in quella posizione. Dopo, la Mamma mia mi baciò nella fronte, e tutto disparve, e mi trovai in ginocchio in terra; ma mi sentivo ancora un dolore forte alle mani, ai piedi e al cuore».

Passano alcune ore. Quando rinviene la giovane è aiutata dall'angelo a mettersi a letto, mentre dalle ferite aperte che le causano forti dolori, esce del sangue vivo[6].

«Mi alzai per mettermi sul letto, e mi accorsi che da quelle parti, dove mi sentiva usciva del sangue. Mi coprii alla meglio quelle parti, e poi, aiutata dall'angelo mio, potei montare sul letto. Quei dolori, quelle pene, anziché affliggermi, mi recavano una pace perfetta.

La mattina a stento potei andare a fare la Comunione, e mi misi un paio di guanti, tanto per nascondermi le mani. Non potevo reggermi in piedi; a ogni momento credevo di morire. Quei dolori mi durarono fino alle 3 del Venerdì, festa solenne del Sacro Cuore di Gesù»[7].

[6] Sono interessanti le analogie e le differenze tra la stimmatizzazione di Gemma e quella ricevuta da san Pio da Pietrelcina nel 1918: «Era la mattina del 20 dello scorso mese [settembre], in coro, dopo la celebrazione della santa messa, allorché venni sorpreso dal riposo, simile a un dolce sonno. (...) Subentrò subito una gran pace (...) Mi vidi dinanzi un misterioso personaggio che aveva mani, piedi e costato che grondava sangue. Mi sentivo morire e sarei morto se il Signore non fosse intervenuto a sostenere il cuore. La vista del personaggio si ritira e io mi avvidi che mani, piedi e costato erano traforati e grondavano sangue. Immaginate lo strazio che esperimentai e che vado esperimentando continuamente quasi tutti i giorni» (Lettera a padre Benedetto del 22 ottobre in *Epistolario* di Padre Pio da Pietrelcina, vol. I, San Giovanni Rotondo (FG), pp. 1093-1094).

[7] *Autobiografia*, in *Lettere e scritti*, pp. 553-554.

L'« arcano fenomeno »

Non è questa la sede per parlare diffusamente del fenomeno delle stimmate, del quale ci siamo già occupati e sul quale si può consultare una nutrita letteratura[8].

Riporto in sintesi quanto asserisce lo stimato pubblicista Paolo Marianeschi, medico chirurgo e dottore in teologia, sull'appassionante argomento.

La stimmatizzazione somatica, asserisce Marianeschi, riguarda ferite spontaneamente insorgenti, localizzate nelle parti del corpo ferite durante la Passione e la Crocifissione di Gesù Cristo. Sono segni e lesioni sanguinanti, secondo la definizione già data dal G. Dumas nel 1907.

La varietà sindromica del quadro classico a cinque lesioni, riguarda anche i segni cruenti della flagellazione e della coronazione di spine. Non mancano casi di emato-idrosi e/o emoglobino-idrosi.

I dati *epidemiologici* degli stimmatizzati o dei passiopatici, sempre secondo Marianeschi, sono i seguenti. Dal XIII al XIX secolo i casi documentati sono 321: di cui 227 donne e 94 sono uomini. Nel XX secolo i casi sono stati 137, di cui 120 donne e 17 uomini. In 1500 cause di canonizzazione (nei secoli XVI-XX) il 4,5% di soggetti è dichiarato stimmatizzato (7 Beati e 8 Santi stimmatizzati).

Le stimmate hanno un modo di manifestarsi caratteristico. La loro comparsa è istantanea. Le forme

[8] Si veda l'ottimo lavoro di P. Marianeschi, *La stimmatizzazione somatica. Fenomeno e segno*, LEV, Città del Vaticano 2000, con bibliografia. Aa.vv., *Il fatto delle stimmate di san Francesco*, Ed. Porziuncola, Assisi 1997.

e la profondità sono variabili. La permanenza anche pluriennale resta con i caratteri iniziali. Il loro sanguinamento è copioso, con intensa dolorabilità. Vi è assenza di flogosi o infezione. Il loro comportamento è indipendente da altre ferite provocate. Scompaiono senza cicatrice.

Le varie teorie, ossia quella patologica, isterica, psicogena, ipnotica, non sono state verificate.

È evidente l'inspiegabilità scientifica del fenomeno, anche se si accampano forze sconosciute della natura e dello psichismo umano.

La spiegazione religiosa del fenomeno può prendere ispirazione da quanto si dice di un prodigio sacro, ossia di un miracolo che ha tre componenti: la componente psicologica, per cui si tratta di un evento che stupisce, unita alla componente semiotica in quanto il miracolo è un segno salvifico efficace e infine ha una componente fattuale, perché è impossibile in natura. Il carattere di cosa impossibile in natura circa le stimmate deriva dal fatto che esse scompaiono senza cicatrice; sono una neoproduzione simbolica con emoglobino-idrosi.

Per cui è legittimo asserire dal punto di vista scientifico-sperimentale che le stimmate sono ancora oggi un enigma scientifico. Marianeschi afferma che solo la sinergia tra scienze positive e teologia ne consente una comprensione olistica adeguata alla complessità del fenomeno.

E si può dire che i risultati della ricerca scientifica alimentano il discernimento teologico fino a concludere che le stimmate rappresentano un segno divino cristologico.

E conclude:

«Non sembra qui il caso di ricordare che, almeno per le stimmatizzazioni definite eminenti, e cioè quelle che si sono presentate su persone riconosciute come eroicamente cristiane, e non sono poche, il contesto mediato e immediato del fenomeno è stato un contesto perfettamente coerente con il significato cristologico del simbolo da loro espresso. La storia insegna, infatti, che la stimmatizzazione ha abitualmente manifestato uno spirito conformato a Cristo e, in quanto segno straordinario di perfezione cristiana vissuta e testimoniata nel sacrificio, ha efficacemente richiamato il popolo di Dio verso la conversione.

In questo senso le stimmate non possono essere frutto della stregoneria e del demonio, in quanto Satana non può essere diviso in se stesso (Mt 12,26; Lc 11,17)»[9].

Non solo Satana non può essere all'origine delle stimmate ma alla «povera Gemma» da quell'8 giugno in poi l'avversario muoverà una terribile guerra senza sosta, senza esclusione di colpi e fino alla fine.

In fondo è sempre valido quanto sosteneva san Bonaventura da Bagnoreggio, il quale a proposito delle stimmate di san Francesco d'Assisi ebbe a scrivere:

«È questo un dono mistico e segretissimo "che nessuno conosce se non chi lo riceve" (Ap 2,17), che nessuno riceve se non chi lo desidera, e nessuno poi lo desidera se non è infiammato profondamente dal fuoco dello Spirito Santo, che Gesù Cristo mandò sulla terra. Ecco perché l'Apostolo dice che questa mistica sapienza è stata rivelata dallo Spirito Santo

[9] P. Marianeschi, *La stimmatizzazione somatica...*, p. 174.

(1Cor 2,10). Siccome a ottener questo, nulla può la natura e poco la scienza, bisogna dare poca importanza all'indagine, molta all'unzione; poca alla lingua e molta alla gioia interiore; poca alla parola e ai libri e tutta al dono di Dio, cioè allo Spirito Santo; poca o nessuna alla creatura e tutta al Creatore: al Padre, al Figliuolo e allo Spirito Santo» (*Itinerario della mente a Dio*, VII).

Dono «mistico e segretissimo»

Questo «dono mistico e segretissimo», impensato e impensabile per Gemma, ma al quale era stata preparata dal fuoco dello Spirito con un vivissimo senso del peccato e con un amore serafico verso Gesù Crocifisso, non poteva restare nascosto. Per la povera Gemma così iniziò un incredibile serie di incomprensioni, di dubbi, di incertezze che le straziarono il cuore molto più delle sofferenze ineffabili delle stimmate stesse.

Il suo confessore, monsignor Volpi, era pieno di dubbi sull'arcano fenomeno. Per questo, nonostante Gemma l'avesse messo sull'avviso di non venire con nessun altro a farle visita mentre le stimmate si manifestavano l'8 settembre del 1899, si reca in casa Giannini con il dottor Pfanner che emette un giudizio negativo, come se esse fossero frutto di isteria.

Quello delle stimmate è un problema che viene affrontato oggi con uno sguardo più libero dai condizionamenti critici che imperavano al tempo di Gemma Galgani e di cui soffrì a lungo anche san Pio da Pietrelcina. A livello scientifico predominava allora uno scientismo positivista tendente a interpretare ogni fenomeno di quel tipo con i parametri esclusivi della patologia nervosa e isterica. Come vedremo nacque una dolorosa tensione, con una forte disparità di giudizio, tra monsignor Volpi e padre Germano, in base alle valutazioni piuttosto affrettate e superficiali, date sui fenomeni passiopatici della Galgani, dal pur stimato dottor Pfanner.

La santa, dunque, ebbe a soffrire non poco da quella affrettata dichiarazione *scientifica* che spiegava tutti i suoi fenomeni mistici con l'isterismo. Ma Gemma dimostrò in tutta la vicenda un comportamento così umile ed equilibrato da rendere evidente, anche a noi oggi, l'inattendibilità di quella diagnosi.

« L'equilibrio superiore del suo spirito », scrive Cornelio Fabro, « è attestato in particolare dalle lettere dell'8 e 12 settembre 1899 riguardanti l'umiliazione della visita medica voluta dal Volpi e con la diagnosi di isterismo da parte del dottor Pfanner e vanno lette perché sono forse documenti unici nell'agiografia cristiana. Ecco il commento di Gemma alla diagnosi:

« Gesù oggi ha voluto che ci facessi questo sacrificio e l'ho fatto volentieri. Sia pure come ha detto quel medico, che è isterismo: appunto perché è così Gesù mi vuol più bene ».

L'inciso: « ... appunto perché è così », non significa che Gemma convalidi o accetti quella diagnosi; accetta l'umiliazione come accetta la vita di totale immolazione che Gesù le annunzia... Il sacrificio totale della propria volontà non è una condotta da nevrotici o isterici[10].

[10] C. Fabro, *Gemma Galgani, testimone*..., pp. 411-412.

Le vere stimmate

Nel caso di Gemma, come di ogni mistico stimmatizzato canonizzato, le stimmate non possono essere considerate di provenienza diabolica; ciò rimane vero, anche se nel processo per la causa di beatificazione/canonizzazione i fenomeni straordinari non vengono presi direttamente in considerazione e la santità viene riconosciuta in base all'analisi delle virtù eroiche. Un fatto è certo, gli autori più accreditati che hanno compiuto una serie di esperimenti a livello psichiatrico, sia in soggetti isterici sia in soggetti trattati con ipnosi, il massimo che hanno ottenuto sono delle modificazioni cutanee superficiali e *dermografie* che non hanno nulla a che vedere con la complessità e la gravità delle lesioni provocate dalle stimmate.

Le vere stimmate hanno delle caratteristiche ben riconosciute: sono profonde, nette, indelebili, con abbondante versamento di sangue. Una situazione di tipo isterico, magari sotto ipnosi non può produrre piaghe scoperte, mani e piedi trapassati, attraverso cui si vede la luce (come in padre Pio da Pietrelcina); una piaga al torace così profonda da cui si vede battere il cuore come in Louise Plazza. In santa Veronica Giuliani l'aria dei polmoni usciva attraverso la piaga aperta e si poteva vedere il fegato in Ida de Louvain!

Tutti i medici asseriscono che non è possibile sopravvivere normalmente con tali ferite trascurate. E tuttavia tutti questi stimmatizzati sono vissuti anche molti anni.

In Gemma sono presenti tutti questi aspetti eccezionali che padre Germano non cesserà di sottolineare per convincere i suoi interlocutori che si tratta di vere stimmate. Basti ricordare, per esempio, che i testimoni sono concordi nel dire dell'impressionante quantità di sangue che usciva dalle ferite di Gemma tanto da inzuppare talvolta il materasso fino a raggiungere il pavimento. L'altro fatto inspiegabile era che le ferite, così profonde da far vedere l'osso delle ginocchia e da trapassare da parte a parte le mani e i piedi, si rimarginavano nel giro di alcune ore, in modo completo, senza cicatrice, lasciando al loro posto solo l'impronta di una macchia bianca.

Gemma non è santa perché ha ricevuto le stimmate; ma ha avuto le stimmate perché molto avanti nella via della santità.

Padre Germano, che non era uno sprovveduto in campo scientifico, metterà in guardia il vescovo dandogli saggi consigli per non soccombere all'affrettata perizia di isterismo che lo assillava. In una lettera gli suggerisce alcuni saggi criteri di valutazione. Se monsignor Volpi avesse avuto l'accortezza di seguirli, Gemma ne avrebbe avuto un bene maggiore, senza dolorose lacerazioni interiori e funeste conseguenze nell'opinione di alcune persone e senza fare inconsapevolmente il gioco di Satana, menzognero e scompaginatore per antonomasia.

Con grande equilibrio così padre Germano scriverà a monsignor Volpi il 4 marzo del 1901:

« All'isterismo, per quanto è buono e caro Gesù, mosignore mio, non pensi punto: sarebbe un cadere nell'assurdo. No, no, non ce n'è traccia. I medici odierni, anche cattolici, sono suggestionati su questo punto. Se vuole giudicare esattamente dai fatti esterni di Gemma, non ne prenda uno o due separatamente; ma li prenda tutti insieme; e troverà un accordo meraviglioso, che li lega insieme in una uniformità perfetta. L'isterismo ha per forma sostanziale la volubilità, l'incostanza, la leggerezza, la futilità, la stranezza, l'irrequietezza eccetera; perché isterismo è sinonimo di pazzia; e chi soffre di cervello non è mai consentaneo con se stesso.

L'altro sbaglio della direzione (mi perdoni monsignore mio, se ardisco parlare così) è quel continuo tormentare Gemma con gettarle in faccia l'illusione isterica. Iddio fa tanto per sostenere e confortare le anime; e noi ci adoperiamo a sconfortarle! Altro è provarle, umiliarle, disprezzarle; altro è far loro capire che si tengano per illuse, e così indurle alla disperazione»[11].

[11] *Lettere e scritti*, pp. 255-256.

7
Una nuova famiglia e una nuova casa

Sono passate poche settimane dalla stimmatizzazione. Gemma non si decide a dire al suo confessore abituale, monsignor Volpi, quanto le è accaduto per una più che comprensibile riservatezza. Gemma, poi, non è il tipo che enfatizza quello che le accade. È fin troppo riservata, quasi chiusa. In queste angustie, per una provvidenziale concatenazione di eventi e di persone, trova finalmente un punto di riferimento preciso e un ancoraggio sicuro.

Le missioni parrocchiali in duomo

In tutta la Chiesa, nello scorcio dell'ultimo anno del secolo, si moltiplicano iniziative, incitamenti ed esortazioni a entrare nel modo migliore nel Novecento. Per la celebrazione del grande Giubileo di inizio secolo si organizzano un po' ovunque predicazioni straordinarie. Nella cattedrale di Lucca, San Martino, vengono chiamati i missionari passionisti per una *missione parrocchiale* di quindici giorni, dal 25 giugno al 9 luglio del 1899. La missione ebbe un'ottima rispondenza da parte della popolazione lucchese.

I missionari erano Ignazio Vacchi di santa Teresa[1], che era il responsabile del gruppo. Condividevano con lui il gravoso impegno apostolico Gaetano Guidi di Gesù bambino[2], Adalberto Martelloni del Nome di Maria[3] e Callisto Montagnani della Sacra Sindone[4].

Gemma non conosce la congregazione dei Passionisti. Abbiamo già visto che essi avevano una loro comunità, *L'Angelo*, sui monti di Brancoli, a Vinchiana presso Ponte a Moriano, a pochi chilometri da Lucca, sulla via del Brennero. Nei giorni di sereno non era difficile scorgere dalle mura della città la candida mole della chiesa e il Ritiro incastonati nel verde, che si levano quasi a picco sulla fertile e popolosa valle del Serchio. Anche se venivano chiamati abbastanza spesso in città per ministeri nelle parrocchie e nei seminari, stranamente Gemma ancora non li conosceva.

[1] Padre Ignazio Vacchi di santa Teresa (1849-1927), entrato già sacerdote nella congregazione dei Passionisti, fu missionario infaticabile, ebbe vari incarichi di superiorato. Uomo di santa vita, si adoperò per l'apertura del monastero delle Passioniste a Lucca. Fu il primo missionario con cui parlò Gemma; in seguito gli scrisse anche una lettera (cfr. *Lettere e scritti*, pp. 40-41).

[2] Padre Gaetano Guidi di Gesù bambino (1869-1925) fu missionario molto attivo e brillante. Gemma ne ebbe molta fiducia e stima, purtroppo non adeguatamente ricambiata, quando la giovane fece notare al missionario alcuni suoi difetti (cfr. *Lettere e scritti*, p. 40).

[3] Padre Adalberto Martelloni (1856-1922), nativo di Firenze, fu paragonato al celebre oratore padre Agostino da Montefeltro, per l'eloquenza trascinante e persuasiva (A. Spina, *La predicazione dei Passionisti*..., pp. 13-14).

[4] Padre Callisto era amico e ospite dei Giannini; cfr. M. Giannini, *Il prato fiorito. La mia famiglia e S. Gemma*, vol. I, *La mia famiglia*; stampa in proprio, ristampa anastatica del 1988 a cura e con note aggiuntive del dottor Carlo Giannini.

La giovane non partecipa alla *missione* in duomo. Preferisce concludere il mese consacrato al Sacro Cuore di Gesù dalle monache Visitandine in via Elisa. Quasi per caso, nei giorni successivi, si reca in duomo. Nella penombra il suo occhio si fissa sul missionario che sta predicando dal palco e ha un tuffo al cuore: l'abito che il missionario indossa lo conosce bene. È uguale a quello di Confratel Gabriele che le era apparso più volte durante la malattia mortale e che le aveva manifestato più volte segni indubbi di tenerezza fraterna e di affezione.

« Già era trascorso il mese di giugno », scrive nell'*Autobiografia*, « e verso la fine di questo erano cominciate in San Martino le Sante Missioni. Preferii sempre lasciare le dette Missioni, che non assistere alle prediche del Cuor di Gesù; infine queste terminarono, e cominciai ogni sera ad andare alle prediche in San Martino. Qual fu la mia impressione nel vedere quei Sacerdoti predicare, non lo posso descrivere! L'impressione fu assai grande, perché riconobbi in essi l'abito col quale avevo veduto rivestito Confratel Gabriele, la prima volta che lo vidi. Un'affezione speciale mi prese per essi, tanto che da quel giorno non più persi una predica »[5].

Gemma comincia a familiarizzarsi con i volti, le parole e il pensiero dei missionari. Ascolta nella se-

[5] *Autobiografia*, in *Lettere e scritti*, p. 556. Nella prima lettera a Germano, del 29 gennaio 1900, Gemma sembra dire che sapeva già delle missioni e che confratel Gabriele, una notte, le abbia detto di andare a confessarsi da padre Gaetano (*Lettere e scritti*, p. 147). Sembra che Gemma sia più precisa nell'*Autobiografia* per le date, le persone e le circostanze.

conda settimana di missione le grandi prediche sulle *massime eterne* (morte, giudizio, inferno e paradiso) che formavano il nerbo della predicazione dei Passionisti. Essi non mancavano di presentare, in stile affettivo e ricco di *pathos*, la Passione del Signore, « la più grande e stupenda opera del divino amore », come proclamava incessantemente il loro fondatore, san Paolo Dànei della croce (+ 1775).

Il giornale lucchese *L'Esare* riporta con interessanti dettagli lo svolgimento di questa missione[6].

« Grande spettacolo di religione e di fede ha dato veramente il popolo di questa città in occasione delle sante missioni date nella nostra metropolitana dagli ottimi religiosi Passionisti. Tali missioni hanno avuto la durata di quindici giorni. In ogni giorno sono state fatte a ore differenti cinque prediche ed era consolante vedere come il popolo accorreva numeroso ad ascoltare, colla massima attenzione e devozione, la calda e infuocata parola di quei buoni religiosi (...). Abbiamo veduto come il nostro popolo veramente desidera essere istruito nella pratica della religione ».

Alla predica conclusiva il cronista calcolava che vi avevano partecipato circa tredicimila persone: « Il popolo visibilmente commosso all'invito del predicatore ha gridato concorde e unanime con evviva festosi a Gesù e alla Vergine, ha ricevuto la benedizione papale e dopo aver cantato con entusiasmo l'inno del pellegrinaggio al Volto Santo, il quale simulacro è stato scoperto tutto il giorno, è uscito dal nostro maggior tempio ».

[6] A. Spina, *La predicazione dei Passionisti*, pp. 140-142.

Sempre il cronista faceva notare che tutti erano dolenti per la conclusione della missione e che sarebbe restata sempre in benedizione in città la memoria dei « zelantissimi padri ».

Gemma, dunque, si accosta anche lei alla *comunione generale* conclusiva della missione. Sente il Signore che le parla interiormente e le indica cosa fare per avere un aiuto concreto dopo l'evento delle stimmate e per la scelta della vita religiosa a cui viene chiamata.

« Eravamo all'ultimo giorno delle Sante Missioni; tutto il popolo era riunito in chiesa per fare la santa comunione generale; io pure tra molti presi parte, e Gesù, che si vede gradì questa cosa, si fece sentire bene bene all'anima mia e mi dimandò: "Gemma, ti piace l'abito col quale è rivestito quel Sacerdote?" (E m'indicò un Passionista che era poco lontano da me). Non occorreva che a Gesù gli rispondessi con le parole: il cuore più che altro parlava coi suoi palpiti. "Ti piacerebbe (soggiunse Gesù) essere rivestita tu pure del medesimo abito?". "Mio Dio!", esclamai... "Sì", mi soggiunse Gesù, "tu sarai una figlia della mia Passione, e una figlia prediletta. Uno di questi figli sarà il tuo padre. Va' e palesa ogni cosa...". E a quello indicato da Gesù riconobbi il padre Ignazio »[7].

Ubbidisce alla voce, cerca di parlare con il superiore padre Ignazio ma si intimidisce, non si sente a suo agio. Si rivolge, così, a un altro missionario, ossia il padre Gaetano. Questi l'ascolta con attenzione e le

[7] *Autobiografia*, in *Lettere e scritti*, p. 557.

promette che dopo la missione sarebbe tornato in città per ascoltarla con calma e magari confessarla. Cosa che avviene varie volte nelle settimane successive. Egli era di comunità a *L'Angelo*, quindi aveva più facilità per recarsi a Lucca. Le permette una cosa che monsignor Volpi non le aveva mai concesso: emettere i tre voti di castità, obbedienza e povertà. Di questo permesso Gemma è molto contenta ed è una delle maggiori consolazioni che sperimenta nell'incontro con questo nuovo confessore.

Sorprende che Gemma, pure docilissima al Volpi, per quanto concerne le sue più intime risoluzioni, decida in modo indipendente e conforme a quanto sentiva nel più profondo del suo spirito. E non si trattava di cosa da poco. In pratica con i tre voti Gemma già si sente una consacrata anche se deve restare ancora nella sua casa, con i suoi familiari, nella desolazione di via del Biscione.

Padre Gaetano e monsignor Volpi trovano infine un atteggiamento concorde nella direzione della ragazza, ovviamente con il suo consenso.

« Da monsignore ebbi il permesso di andare pure a confessarmi da quel sacerdote, e non mi gridò, come avrei ben meritato; allora parlai dei voti fatti, e Lui pure li approvò, e ai tre nominati me ne fece aggiungere un altro: *sincerità al proprio Confessore*. Il confessore allora mi comandò di essere nascosta e di non parlare a nessuno delle cose mie, solo a lui »[8].

[8] *Autobiografia*, in *Lettere e scritti*, p. 558.

Padre Gaetano la mette in contatto con una certa Cecilia Giannini, sorella nubile del farmacista Matteo che ha casa in via del Seminario, dietro il duomo a ridosso delle mura, dove ha anche una piccola cereria. Cecilia è una donna dalla vita spirituale molto intensa. Si è dedicata totalmente alla famiglia del fratello. Le due donne si trovano in perfetta sintonia spirituale. La Giannini ha modo di conoscerla meglio perché nel periodo estivo la numerosa famiglia sciama tra i monti e il mare[9]. Restata quasi sola in casa, in piena estate del 1899, ha tutto l'agio di poter conoscere meglio la ragazza, la ospita qualche volta anche per la notte, con il permesso delle zie Elena ed Elisa. Frequentano insieme le sacre funzioni nelle varie chiese di città.

Cecilia Giannini è l'impareggiabile *angelo custode* che, posta a fianco della giovane, ne sarà il fedele sostegno e una delle testimoni più autorevoli della sua vita mistica. Cecilia aveva già conosciuto di sfuggita Gemma una sera, al termine di una funzione dalle Visitandine nel mese di giugno. Le era stata presentata dall'amica comune Palmira Valentini come « la ragazzina del miracolo ». Gemma era rimasta vergognosa e intimidita da questa presentazione, un po' da fenomeno da circo.

[9] I Giannini avevano case e proprietà a San Cassiano di Controne e a Carignano. A Viareggio prendevano una casa in affitto. Tra queste, « La Paesetta », incontro all'angolo di Sant'Andrea. Dall'estate 1900 villeggiarono pure a Motrone in una villetta di proprietà del marchese Origo, posta in mezzo a una bellissima pineta. Ancora oggi si può visitare la cappellina, lungo la strada che costeggia l'attuale proprietà, dove Gemma partecipava alla Messa (E. Zoffoli, *La povera Gemma*, p. 42, nota 154).

Con il passare dei mesi cresce la confidenza e l'affezione. Cecilia si convince della genuinità rara e della virtù a tutta prova della ragazza e persuade le zie Galgani a farla restare con lei a tempo indeterminato nella grande casa di via del Seminario. «Andavo a prenderla tutte le mattine e la riportavo tutte le sere e quando io ero sola la trattenevo anche a dormire. Fu così per tre o quattro mesi».

Le zie di Gemma da principio le permisero di restare in casa Giannini soltanto di giorno, quindi finirono per farvela rimanere stabilmente. Del resto che cosa potevano offrirle di meglio le povere donne, anziane, indigenti e malaticce? Vi uscirà solo nel gennaio del 1903, su ordine dei medici. Vi entra come un'altra figlia, non come domestica.

«Certamente», informa don Nicola Giannoni, «non vi andò come serva, ma come persona di famiglia». Dei Galgani chi soffrì di più di tutti per la partenza di Gemma fu Giulia, la sorellina più piccola. Una volta, piangendo, andò a rivedere Gemma e si struggeva di pena nel rievocare la figura della mamma defunta e i bei tempi, quando in casa non mancava nulla. "Non ci pensare al passato! Cerca di dimenticare!", le rispondeva Gemma per farle coraggio. Erano troppo tristi pure per lei quei ricordi.

Dopo la morte del babbo, Ettore era partito per il Brasile in cerca di fortuna; e di lui non si era saputo più nulla. Troppo tardi e troppo poco Guido aveva cominciato a guadagnare come farmacista presso l'ospedale civile. Gino, il fratello prediletto, era morto. Tonino si avviava a grandi passi verso la tomba, perché affetto dalla stessa malattia della mamma. Giulia deperiva di giorno in giorno per denutrizione. Angelina, libera di sé – non avendo voluto restare con le zie – era per Gemma motivo di preoccupazione e di amarezze».

Il nucleo familiare di Enrico Galgani, lentamente ma in modo inesorabile, si stava sgretolando.

In casa Giannini, Gemma non resterà in ozio. Si presterà sempre molto volentieri per tutti i lavori domestici che non mancavano di certo in una famiglia di quasi venti persone. Ha soprattutto l'agio di essere riservata e raccolta, può pregare senza nessun condizionamento e disturbo. Quando si ritirava al piano superiore, nello studio di don Agrimonti, o in camera da letto, era spesso rapita fuori dei sensi, effondeva il suo cuore in colloqui mistici. Così la trovavano Cecilia, le figlie di Matteo, Eufemia o Annetta, fatte partecipi dei segreti della giovane mistica. Allora trascrivevano quanto riuscivano ad ascoltare dei suoi colloqui con i celesti interlocutori. E tutto questo a insaputa di tutti gli altri componenti la numerosa famiglia e di Gemma stessa, perché si allontanavano quando avevano la percezione che lei stesse per rientrare nei sensi. Non era certo la condizione ideale per una persona così riservata come Gemma, bisognosa di solitudine e di silenzio, ma non vi era neppure la dispersione di via del Biscione, la grettezza e il dileggio della sorella Angelina, l'incomprensione delle povere zie.

«Il valore storico principale, e quasi unico, di Casa Giannini sta ancora nel ricordo di questa presenza, che qui aleggia con il suo misterioso e pacificante incanto. In questa casa, rimasta intatta nonostante l'inclemenza del tempo, vive, più che in altre stanze lucchesi ormai disfatte dai rifacimenti, Gemma Galgani, e la casa è ancora tutta piena del suo profumo»[10].

Colpisce in modo particolare, nel piano terra, la grande sala da pranzo, con lo stesso lungo tavolo nero che esisteva all'epoca di Gemma. Vi è segnato il posto occupato dalla santa. Alle sue spalle, per la preghiera quotidiana, si apriva un armadio a muro a due ante, dove si trovava un grande crocifisso, costruito dal religioso passionista fratel Domenico Morganti di san Michele Arcangelo (nato a Cerageto, vicino a Castiglione Garfagnana, Lucca, nel 1832 e morto a Roma nel 1906).

Verso questo crocifisso, senza pretese artistiche, ma molto espressivo, Gemma effondeva il suo cuore. Varie volte ebbe dei ratti amorosi e si slanciò verso lo stesso baciandone la piaga del costato. Nel piano superiore, scendendo alcuni gradini, a destra di chi sale le scale, si trovano le stanze da letto e lo studiolo di don Agrimonti. Nella stanza di Cecilia era stata sistemata una brandina per Gemma. Vi si trovava un canterano e altri oggetti di uso domestico. Da questo mobile Chiappino fece sparire e poi ricomparire l'*Autobiografia* della santa, redatta in un robusto quaderno che fu trovato annerito e affumicato. Qui metteva le lettere che poi venivano recapitate, a volte, per mano angelica. Nello studiolo si ritirava soprattutto nel pomeriggio e nei tempi liberi per pregare indisturbata; e sempre qui scriveva le sue lettere.

[10] G.D. Mucci, *Casa Giannini. Una casa modesta, muta testimone di un'altissima vita evangelica*, Numero unico, Lucca 1989, p. 15.

La visita del dottor Pfanner

«Le cose del venerdì continuavano», racconta sempre Gemma nell'*Autobiografia*. Il vescovo però ha forti dubbi e perplessità. Vuole essere garantito anche dal punto di vista scientifico-medico. Per questo nel pomeriggio dell'8 settembre del 1899 si fa accompagnare dal dottor Pietro Pfanner da Gemma, che si trova in casa Giannini. La ragazza stessa l'aveva prevenuto con una letterina scritta in fretta già dalla mattina. Gli fa sapere da parte di Gesù che se fosse stato solo a osservarla nel tempo della stimmatizzazione, senza condurre il medico, si sarebbe ben persuaso. Il Volpi non dà retta alla richiesta di Gemma e nel tempo in cui lei è in estasi dolorosa, nel pomeriggio, con le stimmate aperte e il sudore di sangue, entra nella stanza con il dottor Pfanner. È presente anche un altro ecclesiastico, tale don Bernardino Farnocchia, per nulla favorevole a Gemma. L'esito è disastroso. Le stimmate e tutto il resto scompaiono come d'incanto. Il dottore giunge perfino ad asciugare con una pezzuola inumidita la fronte insanguinata della ragazza e tutto sparisce. Lo stesso conclude che si trattava di un fenomeno di isterismo oppure che si era ferita da sola con qualche ago o spillo presente nella stanza. Il che è in palese contraddizione con la prima asserzione. Se la ragazza si era procurate da sola quelle ferite con qualche mezzo, esse sarebbero restate: invece era scomparso tutto, non restava nessuna traccia di ferite o di lesioni!

Monsignor Volpi si persuade dopo questa visita che i fenomeni passiopatici di Gemma sono frutto di isterismo. Questa visita condizionerà a lungo il suo giudizio su Gemma.

Il prelato (come pure Pfanner a Pisa) si ricrederà soltanto durante il *Processicolo romano*: egli farà una vera e propria *ritrattazione*. Parlerà finalmente di fatti e non di semplici suggestioni patologiche, e di fatti soprannaturali. Riconosce che le stimmate di Gemma, chiamata anima privilegiata, rientrano nel disegno di Dio, che attraverso segni sensibili porta gli uomini al « movimento interiore e spirituale ». Il modo troppo umano di indagare i segni della passione su Gemma – riconosce – non era secondo la volontà di Dio. Egli, dunque, ricordando le visite infruttuose del Pfanner e del Farnocchia, si esprime così:

« Da questo, argomento che non piacessero al Signore queste indagini umane in ordine a quei fatti soprannaturali ». E più avanti conclude: « Oggi, dopo alcuni anni di esperienza, mi sono persuaso che tali fatti sono voluti da Dio, per dare agli uomini una prova sensibile ed esterna del movimento interiore e spirituale che Egli produce alcune volte nelle anime privilegiate »[11].

Il giudizio negativo di Volpi e di Pfanner pesò come un macigno su Gemma per lungo tempo. Condizionò fortemente la valutazione su di lei con una forte divergenza, come vedremo, tra le opinioni del prelato e le constatazioni di padre Germano Ruoppolo.

Ricordando quella terribile giornata così Gemma scrive nella sua *Autobiografia*:

[11] Il Promotore della fede, Carlo Salotti, nel luglio del 1928 nelle *Novissimae animadversiones* definirà l'opinione del dottor Pfanner *« non modo virtuti famulae Dei iniuriam affert »*, ma *« puerilis et incredibilis videtur »* (Non solo offende la serva di Dio ma è puerile e incredibile).

« Babbo mio, da quel giorno cominciò una nuova vita per me, e qui avrei da dire tanto, ma se Gesù lo vuole, lo dirò a Lei solo (in Confessione).

Ecco la prima e la più bella umiliazione che il mio caro Gesù mi dette; nondimeno la mia gran superbia e il mio amor proprio si risentirono, e Gesù nella infinita sua carità mi continuava le sue grazie e i suoi favori. Un giorno mi disse amorevolmente (perché, babbo mio, Gesù mi rivolse queste parole, lo dirò a Lei solo, ma forse le capirà senza che io le spieghi): "Figlia, che devo dire io, quando tu nelle tue dubbiezze, nelle tue afflizioni, nelle tue avversità, di tutti ti ricordi, meno che di me; a tutti ricorri per aver qualche alleviamento e qualche conforto, meno che a me?".

Babbo mio, ha capito? Giusto rimprovero di Gesù, e che capii aver meritato; ma nondimeno continuai nelle solite cose, e Gesù di nuovo mi riprese dicendomi: "Gemma, credi che non resti offeso, quando tu nei maggiori tuoi bisogni mi posponi a oggetti, i quali non possono esserti di consolazione? Soffro, figlia", mi disse, "quando ti vedo che ti dimentichi di me". Quest'ultimo rimprovero mi bastò, e mi servì per distaccarmi affatto da ogni creatura per tutta rivolgermi verso il Creatore »[12].

Lo stesso giorno la ragazza scrive una lettera a monsignor Volpi, molto accorata e molto dignitosa[13]. La sua situazione sembrava avere imboccato un vicolo cieco.

[12] *Autobiografia*, in *Lettere e scritti*, p. 559.
[13] *Lettera a Volpi*, 8 settembre 1899, in *Lettere e scritti*, pp. 61-62.

Un passionista dai capelli bianchi

Gemma ha bisogno urgente di un riferimento ancora più sicuro e garantito per quanto il Signore le va chiedendo. Occorreva un riscontro autorevole che risolvesse i gravi dubbi e le perplessità di monsignor Volpi. Gemma non poteva diventare « un caso », gettato in pasto a una opinione pubblica scettica, superficiale oppure restare vittima dell'anticlericalismo imperante e presente anche a Lucca. Anche in casa Giannini si crea un'atmosfera di diffidenza: la povera ragazza resta sola, torturata dal timore di essere ingannata e di ingannare.

La ragazza prega perché quanto prima le arrivi questo aiuto, specialmente dopo che Volpi si affanna a proibirle « tutte le cose straordinarie del venerdì e del giovedì ».

« Ebbi allora di nuovo proibizione dal Confessore di tutte le cose straordinarie del venerdì e giovedì, e Gesù per un poco obbedì, ma dopo ritornai al solito e più ancora di prima. Non ebbi più paura allora di palesargli (al Confessore) ogni cosa, ed esso arditamente mi disse che se Gesù non gli avesse fatto vedere le cose chiare, non avrebbe creduto a simili fantasticherie. Non persi tempo, feci nello stesso giorno una preghiera speciale a Gesù in Sacramento per questo scopo, ed ecco, come spesso mi accadeva, mi sentii raccogliere internamente e ben presto venne il rapimento dei sensi. Mi trovai dinanzi a Gesù, ma non era solo: aveva vicino a sé un uomo coi capelli bianchi; all'abito conobbi essere un sacerdote passionista; aveva le mani giunte e pregava, pregava caldamente. Lo guardai, e Gesù mi pronunziò queste parole: “Figlia, lo conosci?”. Risposi di no, come era vero. “Vedi”, soggiunse: “quel Sacerdote sarà il tuo direttore, e sarà quello che conoscerà in te, misera creatura, l’opera infinita della mia misericordia” »[14].

In casa Giannini vede un piccolo ritratto di « quel sacerdote che avevo veduto davanti a Gesù; il ritratto però lo assomigliava ben poco »[15]: è il padre Germano Ruoppolo di san Stanislao. Sarà la guida sicura, esperta e fidata di Gemma fino alla fine. Sarà lui che farà conoscere Gemma e le meraviglie che la Grazia divina operava in lei alla Chiesa e al mondo.

Padre Germano nel 1899 ha appena quarantanove anni, essendo nato nel 1850 a Vico Equense, tra Napoli e Salerno. Giovanissimo, veste l’abito passionista. Nel 1870 fugge da Roma per sottrarsi al servizio militare e completa gli studi nella provincia passionista belga. Intelligenza vivida e perspicace, quando Gemma lo vede in visione, ha già al suo attivo parecchie pubblicazioni di tipo filosofico, archeologico e agiografico. È postulatore generale delle cause dei santi Passionisti. Vive a Roma e in questo periodo è oberato di impegni per portare a conclusione la causa di canonizzazione di Gabriele dell’Addolorata. Era sua la biografia del giovane passionista che Gemma aveva letto durante la malattia mortale del febbraio-marzo. Ora si aggiunge alla sua vita, già sovraccarica di lavoro, la richiesta di questa sconosciuta ragazza lucchese. Gemma si fa coraggio e alla fine di gennaio del 1900 scrive una lunga lettera in cui, con tutto

[14] *Autobiografia*, in *Lettere e scritti*, pp. 559-560.
[15] *Autobiografia*, in *Lettere e scritti*, p. 560.

il candore della sua anima cristallina, racconta come l'abbia conosciuto e quello che il Signore voleva da lui. Insiste molto, in questa prima lettera, perché Germano si interessi alla sua vocazione claustrale e si muova per farla entrare nel monastero delle Passioniste di Tarquinia. Addirittura fa pressioni perché si apra un monastero a Lucca. Non manca di ricordargli che è soprattutto Gabriele dell'Addolorata che insiste per questa determinazione vocazionale, avendola chiamata più volte « Sorella mia! ».

Le richieste di farla entrare in un monastero possibilmente passionista, la fondazione del monastero passionista a Lucca saranno i *leit-motiv* di quasi tutto l'epistolario tra Gemma e padre Germano.

Soprattutto tramite padre Gaetano e padre Germano, Gemma entra in contatto con la congregazione dei Passionisti. Un altro insigne passionista, padre Pietro Paolo Moreschini, rassicura Germano della sincerità della ragazza[16]. Alla congregazione della Passione Gemma resterà legata per sempre, per un titolo tutto peculiare.

Anticipiamo, nelle riflessioni che seguono, la scansione cronologica del cammino di Gemma verso la piena conformazione al suo Sposo crocifisso. Esse ci sembrano pertinenti, in questo contesto, perché ci danno la possibilità di vedere, nel tessuto degli avvenimenti, la trama provvidenziale che si andava tessendo.

[16] Su padre Pietro Paolo Moreschini, cfr. Aa.vv., *Spiritualità della croce*, Ed. Eco, 1976, vol. I, pp. 333-356.

Costante Brovetto, illustre studioso della spiritualità passionista, ha affermato: « *La modernizzazione* (partecipazione dei laici al carisma passionista) è stata forse inaugurata direttamente da Dio nei suoi misteriosi disegni, all'inizio di questo secolo. Non si può forse interpretare così il *fenomeno* Gemma Galgani? ».

Gemma infatti morirà come *laica secolare* mentre si pensava destinata da Dio al monastero passionista.

Sempre Brovetto la riconosce « non solo come vertice spirituale della verginità consacrata al seguito di san Paolo della Croce, ma anche come indicazione che questi vertici si pongono come faro a quanti restano nel mondo e a cui nulla del carisma passionista resta precluso. E nel contempo Dio dice così ai Passionisti quanto sia preziosa la loro opera di direzione spirituale, e anche quanto sia doveroso imparare da anime umili e nascoste, non nobilitate dalla pubblica professione e dal *segno* passionista pubblicamente portato. Dio segna con le *stimmate* del Crocifisso Gemma vergine laica: d'ora in poi, accanto alle radici che i Passionisti trovano in Paolo della Croce, ci sono anche queste, che ci riconducono al Trafitto, da contemplare nei poveri *crocifissi*! »[17].

[17] C. Brovetto, *L'identità del laico secolare passionista*, in Aa.Vv., *Il carisma passionista e i laici*, Roma 1991, pp. 136-137.

Il suo stile *passionista*

In santa Gemma Galgani si trovano delle singolari analogie se non addirittura dei parallelismi in riferimento allo *stile passionista.*

Gemma indossa sempre un abito nero, come i Passionisti. Proprio in ordine all'uso dell'abito nero come segno di lutto-memoria della Passione del Signore. Ed è singolare che nel parlare della povertà di Gemma i testimoni dei *Processi*, sia di Lucca sia di Pisa, si siano dilungati nel descrivere l'abito indossato dalla giovane.

Gemma infatti non usò a caso un abito di colore nero di stoffa molto dozzinale (chiamato *tibet*). La sua scelta non fu dettata da una contingenza legata alle ristrettezze della famiglia. Nella dignitosa ma stringente povertà in cui visse, specialmente dal 1897, l'adozione dell'abito nero fu una scelta consapevole e libera. La zia Carolina di Camaiore, la riforniva ogni tanto di biancheria di ogni tipo, di cui regolarmente si privava.

Suor Giulia Sestini, già sua maestra, nel Processo Apostolico Pisano la ricordava così: «Il vestito di Gemma fu sempre modestissimo e, dopo la guarigione, sempre uguale. Portava un cappellino di paglia nera con nastro nero, forse sempre lo stesso, d'estate e d'inverno: l'abito nero di *tibet*, lungo fino ai piedi, con sulle spalle una mantellina della stessa stoffa, e attorno al collo una listerellina di tela bianca. Camminando con questo abito, piuttosto ridicolo e con quel suo sorriso abituale, che il mondo non sapeva interpretare».

E don Andrea Bartoloni, nella stessa circostanza asserisce: «Gemma amava la povertà. Io l'ho veduta sempre vestita ugualmente, è rimasta celebre per la sua mantellina povera e modesta». E il canonico Andreuccetti, che accolse il suo ultimo respiro, asserì: «Amò la povertà, non per necessità di condizioni, ma per amor di virtù. Non si lamentava mai, volle sempre abiti modestissimi, cioè: una sottana, una piccola mantellina e un cappelletto di paglia, tutto di color nero. Agli occhi del mondo sarebbe parsa ridicola e non dimise mai questo suo abito».

E l'amica Palmira Valentini: «Studiava di andar vestita più che poveramente, quasi ridicolmente; portava sempre un cappellino che era vergogna a portarsi, e una mantella lunga che sembrava una monaca».

Basilio Morelli, il domestico dei Giannini, così asserisce: «Sì, è vero: si meravigliavano che la signora Cecilia Giannini tenesse e portasse seco una giovane vestita così poveramente da rendersi ridicola; l'ho sentito dire anch'io in vettura pubblica».

Insomma il caratteristico abito nero con cui girava per Lucca, e che suscitava commenti non sempre benevoli da parte della gente, perché totalmente fuori moda e fuori contesto, era indossato da lei come un segno della sua consacrazione da secolare.

La «povera Gemma di Gesù»

Un indizio della singolare affinità carismatica intercorsa tra Gemma Galgani e il Fondatore dei Passionisti lo rileviamo dal suo modo abituale di firmarsi. Gemma, infatti, nelle lettere indirizzate alle persone per le quali ha una particolare relazione di obbedienza, confidenza o affinità spirituale, come padre Germano, monsignor

Volpi, qualche altro religioso, e poi Cecilia e Annetta Giannini, come pure madre Giuseppa Armellini, monaca passionista di Tarquinia con la quale Gemma ebbe un nutrito scambio epistolare[18], e Giuseppina Imperiali, si firma abitualmente la « povera Gemma », con alcune varianti e aggiunte molto significative, come « indegna figlia Gemma di Gesù » o « Gemma di Gesù solo »; oppure più semplicemente « povera Gemma di Gesù ». Nell'intestazione di varie lettere indirizzate a padre Germano, inoltre, lo designa come « babbo suo accanto a Gesù nel suo povero cuore ».

Certamente Gemma non conosceva il *Proemio* delle primitive Regole dei *Poveri di Gesù*, scritte da Paolo della Croce nel ritiro di quaranta giorni di Castellazzo Bormida (Alessandria), che segna l'inizio della fondazione della congregazione dei Passionisti, eppure che affinità si riscontra in questa singolare terminologia adottata dalla stimmatizzata lucchese!

La Passione del cuore

È davvero singolare che in una congregazione tutta dedicata alla Passione di Cristo non vi sia stato, almeno finora, nessun caso di persone stimmatizzate.

L'arcano fenomeno della stimmatizzazione di Gemma, lo abbiamo visto, si verificò quando la santa aveva già sperimentato una lunga serie di sofferenze fisiche e soprattutto morali che la misero a dura prova e ne affinarono la tempra morale e spirituale.

[18] La madre Giuseppa Armellini sarà la fondatrice del monastero delle Passioniste a Lucca.

Vorrei sottolineare, in queste riflessioni, anche se anticipiamo i fatti, la piaga del costato che in forma cruenta manifesta la *Passione del cuore* di Gemma e l'assimila per questo all'esperienza mistica e all'insegnamento di Paolo della Croce.

Padre Germano, dopo tredici giorni dalla morte di Gemma, volle riesumare il suo cadavere, nella speranza che soprattutto nel cuore vi fosse qualche segno straordinario, degno di particolare attenzione e quindi di venerazione. Forse Germano pensava di rintracciare qualcosa di analogo a quanto avvenne in altre sante, come Chiara da Montefalco e Veronica Giuliani. Il cuore di Gemma, infatti, fu trovato schiacciato ai lati e ancora pieno di sangue vivo[19], con grande meraviglia dei chirurghi.

Molte volte Gemma nei suoi colloqui estatici prega Gesù di farle sperimentare la ferita della lancia che gli squarciò il costato. Così leggiamo nei *Colloqui estatici* (CE):

> «Mio Dio, aprimi il tuo cuore. O Gesù, aprimi il tuo petto sacramentato, ché voglio depositarvi tutti i miei affetti... Aprimi il tuo cuore, o Gesù; aprimi il tuo petto sacramentato... Io t'apro il mio... Introduciti, o fuoco divino... bruciami, o Gesù, consumami... Ma in me lo sento, o Gesù, un fuoco... Piacesse a te, o Gesù, che io tutta ne avvampassi!» (CE 92).
>
> «O Gesù, come ci stai nell'angusta cella del mio cuore? Ci stai bene? Dilata il petto mio, perché non è più bastante a contenerti» (CE 99).

[19] Il cuore di Gemma attualmente si trova nel suo frequentatissimo e popolare santuario di Madrid, in Spagna. Un altro santuario dedicato a santa Gemma si trova a Barcellona, anch'esso molto frequentato.

«O Gesù, come ci stai nel mio cuore? Nella cella angusta del mio petto innamorato, di', o Gesù, come ci stai? E fissala, o Gesù, la tua dimora per sempre... fissala fin da stamani, ora, fin da questo momento, fin da questo istante» (CE 101).

«Come faccio, Gesù, a nascondere il mio petto al tuo fuoco? Vieni, Gesù, ti apro il mio petto, introducivi il fuoco divino. Tu sei fiamma, Gesù, e in fiamma vorresti che il mio cuore si cangiasse» (CE 127).

Secondo la testimonianza di Cecilia Giannini, in Gemma si verificarono due fenomeni cardiopatici mistici: il sollevamento delle costole che sarebbe avvenuto quando la santa ebbe a dire a Gesù: «Sei troppo grande, o Gesù: il mio cuore è piccolo, tu non ci puoi stare, che si dilati questo cuore!»; il secondo fenomeno è quello dell'ustione del petto sotto il cuore avvenuta quando la Giannini sentì esclamare: «Ma saranno queste fiamme effetto dell'amor tuo, o Signore?»[20].

Anche in Paolo della Croce si verificò una misteriosa dilatazione del cuore in conseguenza della impressione dei segni della Passione, unitamente all'impressione dei dolori di Maria[21]. Il 27 aprile del 1900 san Paolo della Croce appare a Gemma e la esorta a patire per amore e le ripete che anche lui attende che lei diventi passionista.

[20] *Summarium super virtutibus*, p. 715.

[21] A.M. Artola, *La passione di Cristo nel cuore nuovo secondo san Paolo della Croce*, Roma 1998, pp. 9-14.

Laica passionista

La mancata monacazione di Gemma rappresentò senza dubbio la più grande delusione della sua vita. Le garanzie che attingeva nei colloqui estatici con Gesù, la Vergine, i santi Passionisti, cozzavano con le forti resistenze da parte delle sue guide spirituali e con una irriducibile contrarietà da parte delle monache Passioniste di Tarquinia. Infatti, queste non desideravano che Gemma entrasse tra di loro, neppure per un corso di esercizi (siamo nel febbraio del 1902).

« Sia fatta la tua Ss.ma Volontà », scrisse Gemma appena ne fu informata, umiliata ma non offesa. E cercò di calmare anche il legittimo risentimento delle Giannini. Si diede molto da fare anche per spianare la strada a una possibile fondazione di monache Passioniste in Lucca. Alla fine, però, tutto risultò inutile. In Gemma subentrò così la calma più profonda: aveva fatto il possibile e oltre per rispondere al chiaro ed esplicito invito divino, corroborato dalle assicurazioni dei santi Passionisti.

« Sono contenta », scrive durante l'ultima malattia; « io vivo soffrendo di continuo ma in pace, in quiete. Non glielo chiedo più di andare in convento, se un convento migliore mi attende ». La delusione, comunque, era stata enorme.

Poche cose come questa penosa vicenda della mancata monacazione di Gemma ne mettono in evidenza la sua dignità, l'eccezionale forza d'animo, il suo totale abbandono in Dio.

E asserì a Cecilia Giannini una cosa straordinaria sulla quale torneremo in seguito: « Gesù », disse qualche tempo prima di morire, « la veste da monaca passionista me l'ha preparata alle porte del paradiso ». E alla zia Elisa Galgani aveva detto un giorno: « Senta, zia; viva non mi ci vogliono, ma mi cercheranno da morta ».

E sempre alla Giannini aveva detto qualcosa di analogo: « Non mi ci hanno voluta viva, mi ci prenderanno morta ».

Costante Brovetto conclude: « Muore come "laica secolare", colei che si pensava destinata da Dio al monastero passionista. Noi la riconosciamo non solo come vertice spirituale della verginità consacrata al seguito di san Paolo della Croce, ma anche come indicazione che questi vertici si pongono come faro a quanti sono nel secolo e a cui nulla del carisma passionista resta precluso! ».

Gemma resta per sempre *virgo lucensis*, laica lucchese, senza appartenere più di tanto a una istituzione canonicamente riconosciuta. È entrata, però, da laica, a far parte della Famiglia passionista a pieno titolo.

8

« Ero vicino a te »

Gemma quando riceve la « grazia grandissima » delle stimmate, in quel memorabile 8 giugno del 1899, ha già compiuto ventun'anni. Il quadro della sua vita si sta delineando con sufficiente completezza.

Il discernimento vocazionale

D'ora in poi due saranno i problemi che ruoteranno attorno alla giovane stimmatizzata. Il primo riguarda il discernimento vocazionale che già dal periodo della malattia e della guarigione si stava evidenziando. Il secondo era pertinente ai fenomeni mistici passiopatici, sui quali urgeva contemporaneamente il dovere del discernimento e della riservatezza.

Fin da bambina si sentiva chiamata a consacrarsi al Signore; lo riconoscerà lei stessa nella sua *Autobiografia*. Appena adolescente aveva emesso il voto di castità perché voleva essere sola e tutta di Gesù, voto che poi cambierà in quello ben più impegnativo di verginità perpetua. Durante la malattia mortale viene invitata a fare il voto di diventare suora, qualora avesse ottenuto la guarigione. Il giovane passionista, san Gabriele dell'Addolorata, le appare più volte e la chiama *sorella mia*; le pone il *segno* passionista sul petto; approva il suo voto di diventare religiosa una volta guarita, ma la invita a non specificare a quale congregazione religiosa doveva legarsi per adempiere il suo proposito.

Ristabilitasi in modo prodigioso, la giovane inizia un lungo peregrinare da un monastero all'altro di Lucca e dintorni per cercare di realizzare il suo sogno al quale si sentiva quasi obbligata. Il suo confessore non le spegne certo questo desiderio ma neppure si muove in modo concreto perché la sua giovane penitente possa raggiungere la meta agognata. Le difficoltà e gli ostacoli non mancano di certo, tra questi, pesanti come un macigno, sono soprattutto le precarie condizioni di salute e il disastroso stato economico della povera famiglia che le impediva il minimo di base per l'indispensabile *corredo*[1].

Alla fine di giugno, sempre di questo anno, Gemma conosce i Passionisti che nel duomo di San Martino predicavano una missione parrocchiale in preparazione all'imminente anno giubilare del 1900. Accade una svolta fondamentale in questa ricerca per il discernimento globale della sua vita, come vedremo meglio in seguito.

È Gesù stesso che finalmente le dice in una mirabile locuzione interiore che la sua vocazione sarà quella di diventare passionista, entrando così nell'or-

[1] Per una certa misura a quest'ultimo aveva provveduto la zia Carolina.

bita della spiritualità che faceva capo a san Paolo Dànei della croce (1694-1775), fondatore dei missionari Passionisti e delle claustrali Passioniste[2].

Le apparizioni di san Gabriele dell'Addolorata, l'incontro con i Passionisti e le parole sostanziali di Gesù, producono in Gemma un ardente e inestinguibile desiderio per realizzare questa vocazione alla quale si sentiva più che chiaramente chiamata.

Questo desiderio resterà purtroppo tale, non diventerà mai realtà. Gemma resterà laica consacrata con voti privati ma senza nessun legame giuridico con una forma di vita religiosa canonicamente riconosciuta.

La mancata realizzazione della sua vocazione monastica claustrale sarà il dramma della sua vita, la più grande amarezza della sua giovane esistenza. A stento e solo verso la fine, Gemma si rassegnerà a non vedere realizzate le parole di Gesù e le affettuose confidenze fraterne di san Gabriele dell'Addolorata. Veniva disattesa la più che chiara volontà divina per colpa della negligenza degli uomini, la loro pavidità, la poca avvedutezza e l'incapacità di serio discernimento.

Dietro tutto questo vediamo chiaramente la malefica volontà diabolica che congiurava al fallimento totale della vocazione e della missione della giovane stimmatizzata.

[2] *Autobiografia*, in *Lettere e scritti*, p. 556. Il missionario indicato da Gesù era padre Ignazio Vacchi, con il quale, però, Gemma non riuscì a confidarsi. Cosa che invece ebbe agio a fare con l'altro missionario, padre Gaetano Guidi.

La vera vocazione di Gemma

Qual è stata dunque la vera vocazione di Gemma? A ben vedere essa ha una forte connotazione cristologica, anzi passiologica. La sua vocazione è stata quella di conformarsi in tutto e per tutto alla vita e alla passione di Gesù, seguendolo alla lettera lungo la via dolorosa portando la sua croce, fatta icona del Crocifisso, diventata misticamente e fisicamente un *alter Christus patiens* (altro Cristo paziente) come figlia e sposa fedele fino all'effusione del sangue. Come Gesù, così tutta la sua vita doveva essere un quotidiano olocausto per la conversione dei peccatori e per far crescere nella Chiesa la spinta alla santità e alla grazia, in particolar modo nel clero e nelle persone consacrate.

Torniamo all'altro problema che angustia Gemma e chi la dirige nello spirito, ossia i fenomeni passiopatici. Monsignor Volpi, informato del dono delle stimmate, non si convince subito, anzi dubita, esita a riconoscere in quelle ferite che si manifestano in Gemma, le piaghe della stimmatizzazione. L'8 settembre, nel primissimo pomeriggio, il prelato porta con sé il dottor Pietro Pfanner, nonostante la raccomandazione di Gemma di non farlo[3]. Come d'incanto scomparvero tutti i segni passiopatici. Pfanner e Volpi si convinsero che si trattasse di effetto isterico, oppure di ferite fatte artatamente. Due ore dopo Gemma

[3] Cfr. *Lettere e scritti*, p. 61, nota 8, la testimonianza di Cecilia Giannini sulla lettera che Gemma aveva scritto la mattina per scongiurare il prelato di recarsi da solo a visitarla in casa Giannini « senza nessun altro ».

chiese a Cecilia Giannini di « portarla da Gesù » ossia in chiesa. Andarono nella chiesa dei Santi Simone e Giuda, in via Guinigi. E qui Gemma, davanti al tabernacolo, restò immobile per quasi un'ora. Uscì dall'estasi e, vergognandosi, mostrò alla Giannini i segni delle stimmate. Cecilia non ebbe il coraggio di portarla a monsignor Volpi; la fece accompagnare da un'amica, persona molto devota, tale Palmira Valentini, dal prelato che si trovava nella chiesina degli Angeli custodi a dare gli esercizi ai bambini della prima comunione. Volpi non approfondì l'esame delle piaghe perché vide la giovane « tutta confusa e vergognosa e io », dirà, « compreso dalla sua confusione, non feci un esame accurato e la congedai »[4].

Un'altra volta Gemma viene condotta, sempre dalla Valentini, dal suo confessore in decanato, e monsignor Volpi che, dopo aver viste le piaghe, le ingiunse di tenerle nascoste, per non dar luogo a dicerie: « Gemma, non farti vedere le mani, tienle coperte; sai, ti potrebbero i ragazzi deridere »[5].

In questo frangente, Gemma può trovare un po' di pace e di serenità nella ospitale famiglia Giannini, che l'accoglie nella spaziosa casa di via del Seminario, prima come ospite quasi abituale e poi, nel corso del 1900, quasi come una della famiglia, anzi come una figlia diletta, come una sorella amatissima. La vita in famiglia, nella desolazione di via del Biscione, le era divenuta uno sfinimento continuo. I segni della passione che si manifestavano nel suo corpo verginale dal giovedì alla sera del venerdì non sempre

[4] *Positio super virtutibus*, n. XVII, n. 62.
[5] *Summarium super virtutibus*, p. 722.

era in grado di celarli; a casa sua non godeva affatto della necessaria riservatezza per vivere tanta singolare vocazione. Per questo fu una vera provvidenza che potesse trovare accoglienza in casa Giannini[6].

Irrompe l'avversario: la lotta con « Chiappino »

In questo quadro, sufficientemente delineato, irrompe l'avversario, « Chiappino ».

Le avvisaglie c'erano già state durante la malattia mortale. Lo abbiamo saputo dalla santa stessa: « Mi venne una forte tentazione, e dicevo tra me che ero annoiata e lo stare a letto mi era venuto a noia. Il demonio si valse di questi pensieri e cominciò a tentarmi, dicendo che, se avessi dato retta a lui, mi avrebbe guarita, e avrebbe fatto tutto quello che avessi voluto ». Sappiamo il grido che erompe dal più profondo del cuore di Gemma: « Prima l'anima e poi il corpo! », eppure « il demonio continuava con assalti più forti »[7].

Da settembre-ottobre 1899 la presenza diabolica si rende sempre più manifesta e turba profondamente la serenità di Gemma. Diventerà purtroppo una presenza pressoché abituale, ossessiva, invadente, che metterà a dura prova l'equilibrio psichico e soprattutto la serenità spirituale della giovane.

In una lettera inviata a monsignor Volpi, che non ha una data precisa ma che si può far risalire a un sa-

[6] Sulla vita in casa Giannini, presente Gemma, si può leggere il volume di Mariano Giannini, *Il prato fiorito*..., vol. I, *La mia famiglia*.

[7] *Autobiografia*, in *Lettere e scritti*, p. 539.

bato di fine settembre o ai primi di ottobre del 1899, vi è raccontato in sintesi tutto il dramma che da quei giorni in poi si svolgerà con un crescendo impressionante e per certi versi sconcertante e che ha pochi riscontri nella letteratura agiografica.

Il diavolo, dopo averla tormentata già da vari giorni – racconta la santa – ora si manifesta con maggiore aggressività. Gemma riconosce che ha pensieri di superbia e che questi pensieri sono vere e proprie tentazioni. Gesù infatti la rimprovera, non le manda la visita di san Gabriele dell'Addolorata e dà il permesso al diavolo non solo di tentarla ma perfino di picchiarla. I segni premonitori dell'arrivo di Satana sono l'essere stata colta da una grande tristezza, e per fortuna era in casa Giannini perché Gesù in casa sua non avrebbe permesso che facesse fracasso. Quindi la presenza diabolica si manifesta attraverso Gemma stessa; Cecilia l'assiste e la tiene un po' calma con l'obbedienza. Altrimenti, dice Gemma, la bestia si sarebbe scatenata.

Dopo la tentazione della superbia viene tentata a non pregare; poi il diavolo minaccia di ucciderla prima di entrare in convento e se la prende anche con il padre Gaetano Guidi, che definisce bugiardo e che vuole strangolare; queste cose le diceva Gemma anche senza volerle. Prende bastonate e viene sollevata un po' con l'acqua benedetta e l'invocazione a san Paolo della croce. Dopo un certo periodo di calma ritorna l'assalto; Gemma lo vuole allontanare e finalmente scappa via. La sera dopo, il diavolo ritorna, dalle 21 alle 22, quando doveva andare a letto e non pregare. Il diavolo ha paura dei Passionisti, uno dei quali in quel momento si trovava nella stanza insieme alla zia Cecilia. Si sente mordere dentro tanto da non poter neppure stringere il crocifisso quasi per mezzora. Le vengono i segni della passione e il diavolo cambia strategia. Le si presenta in forma di bel giovane che comincia a insultare Gesù. Una volta allontanatosi il diavolo, Gemma si lamenta con Gesù perché aveva l'impressione di essere sola a combattere.

Si sente sola a combattere

Invece il Signore le dice che era vicino a lei, che l'avrebbe liberata dal disturbo diabolico e le avrebbe mandato in visita san Gabriele dell'Addolorata. Gemma è contenta di soffrire per amore di Gesù addirittura per opera del diavolo anche se la sua vista è orrenda; Gemma ancora una volta chiede perdono per i suoi peccati. Infine desidera che il suo confessore mandi via il diavolo.

Ecco il testo integrale:

> Monsignore,
>
> era già qualche giorno che il diavolo mi lasciava un po' in quiete, ma ora invece sono due giorni che mi tormenta tanto tanto. Però prima bisogna che gli dica che lunedì, quando uscii dall'ora di guardia (ero alle monache), mi venne un pensiero di superbia. Il pensiero fu questo: Gesù in quella medesima ora mi aveva detto tante cose, e mi pareva che mi volesse tanto bene; e pensai tra me: ma dunque io sono più degli altri, ché Gesù mi tratta così; ogni giorno si fa vedere da me. E con questo pensiero mi trattenni un po' di tempo; dopo non ci pensai più. Mercoledì poi

Gesù mi rimproverò tanto, e mi disse che per castigarmi non mi avrebbe mandato per qualche sera Confratel Gabriele, e avrebbe dato il permesso al diavolo di tentarmi per più parti, e anche di picchiarmi; e tutto poi si è avverato.

Mercoledì sera, quando fu sul tardi, mi cominciò una gran tristezza; capii che era vicino (non ero in casa mia: Gesù in casa mia non me lo avrebbe permesso, perché feci un po' di fracasso). Ero con la Sig.ra Cecilia sola; mi tenne lei un po' calma per mezzo dell'obbedienza, se no chi sa quella bestia quello che mi avrebbe fatto. Cominciò a tentarmi che non pregassi, ché non avevo bisogno. Mi diceva che quando lei mi mette in convento, non mi ci fa andare, perché la sera prima mi fa tutta a pezzetti con le tanaglie. Mi pare che l'abbia molto con padre Gaetano; mi diceva che è un bugiardo, che se l'avesse tra i denti vorrebbe strangolarlo. Dissi tanti spropositi, ma io non li volevo dire: mi venivano detti. Poi mi bastonò anche un po'; finalmente poi con l'acqua benedetta, e più con san Paolo della Croce, mi lasciò. Mi misi un po' a pregare; quando fui a metà della meditazione, eccolo di nuovo, e allora dissi: « Vai via, brutta bestia! Non ti accorgi che invece di farmi perdere, mi fai guadagnare? ». Scappò lontano lontano. Continuai a pregare e finii bene; dopo poi ero sgomenta, perché credevo di aver fatti dei peccati; ma Gesù mi assicurò che ero libera, perché non ci avevo mai acconsentito.

Ieri sera poi credevo che mi lasciasse stare, perché era la sera tanto bella per me; venne e mi tormentò dalle nove alle dieci; mi diceva che andassi a letto invece di pregare. La Sig.ra Cecilia pregava per dispetto a me, e siccome ci era in camera un Passionista – il diavolo di quelli ha paura –, non permise che facessi nulla; pregavano e io mi sentivo dal diavolo proprio mordere dentro; mi davano il Crocifisso, ma non potevo prenderlo. Verso le nove e mezza poi un po' mi lasciò, perché gridai forte: « Viva la croce! viva le pene! ». Appena dissi così, andò via: presi il Crocifisso tra le mani e un po' mi raccolsi. Venne Gesù per darmi la sua croce; la presi, e in quello stesso momento mi dette i segni nelle mani e nei piedi, con tanto dolore. In quel momento volevo alzarmi e mettermi in ginocchio per fare la mia ora; ma ecco di nuovo quella bestia in forma di un giovine e mi diceva all'orecchio: « Che fai? Sei pure stupida a metterti a pregare un malfattore, che vuole vendicarsi con te. Vedi quello che ti fa: t'inchioda sulla croce come lui; vedi che male che ti fa. Calpestalo e digli che tu vuoi essere buona, e non un malfattore; lui ti crede cattiva e per questo t'inchioda sulla croce; sputagli in faccia, digli che ti lasci stare, ché ti guido io ».

Allora io baciai Gesù per dispetto a lui, e dissi tra me: « O Gesù, invece ti ringrazio di tante grazie, io ti voglio amar tanto ». E lui (il diavolo) mi diceva sempre all'orecchio: « Ma come fai a voler bene a un malfattore, condannato a morte, e uno che non conosci? Guardami me: io sono un bel giovine, buono, che non faccio mai male a nessuno; io non inchiodo nessuno; quel malfattore lì, vedi, fa sempre soffrire; io invece faccio sempre godere; obbediscimi, e allora ti mando via tutti i dolori nelle mani e nei piedi, e se tu mi dai retta, ti faccio sempre godere e ti porto con me ».

Io a tutte queste cose non ci avrei voluto acconsentire, ma mi venivano dette certe brutte cose contro il povero Gesù. Dopo avermi dette tutte queste cose mi lasciò, e mi misi a fare la mia ora; quella mi venne bene: appena m'inginocchiai, Gesù subito venne, e mi trattenni un po' con Lui. Gli domandai dove mai era andato; mi rispose: « Ero vicino a te ». « O Gesù mio », dissi, « ho sofferto tanto con la bestia dell'inferno, e poi sono carica di peccati, e poi ti avrò offeso ». E Gesù mi disse: « Figlia mia, non mi hai offeso niente niente, perché tu non hai mai acconsentito. Ora però ti libero, e non verrà più a disturbarti ». Mi dimandava poi se soffrivo volentieri per amor suo, e io risposi: « Sì, Gesù mio; mi sentirei forza di soffrire anche di più: il soffrire per te, o Gesù, è un godere; si gode soffrendo ». In fine poi pregai Gesù che volesse perdonarmi tutti i peccati, e mi rimandasse Confratel Gabriele. Dopo un po' me lo rimandò. Che consolazione che provai! Erano due sere che non veniva: mi benedì, mi disse tante cose riguardo al soffrire le tentazioni e anche le altre cose; mi rimproverò perché commetto troppi difetti, e mi ha promesso che ogni sera, se sarò buona, verrà e mi dirà tante cose. Mi benedì di nuovo e mi lasciò.

Era il tocco e mezzo passato; andai a letto, ma non fu il sonno della notte, fu il solito sonno; mi sono trattenuta con Gesù tutto il resto della notte, e ho patito con Lui, e sono stata bene.

O, Monsignore, quanto è bella la vista di Gesù! Altrettanto quanto è brutta e orrenda quella del diavolo!

Mi benedica, e faccia presto a mandarmelo via. Preghi Gesù per la povera

Gemma[8].

Appare evidente dal testo e da tante testimonianze che, oltre alle innumerevoli prove e tentazioni, Gemma è stata messa a dura prova dalle assillanti vessazioni diaboliche.

Con le tante prove subite da Gemma, come le malattie, incomprensioni, umiliazioni, rovesci di fortuna, sappiamo che Dio l'ha saggiata e quasi collau-

[8] *Lettera a Volpi*, ottobre 1899, in *Lettere e scritti*, pp. 66-68.

data oltre l'umana sopportabilità. Le prove, comunque, non sono mai state fine a se stesse ma sono state anch'esse mezzi per arrivare alla pienezza della carità verso Dio e il prossimo. Si sa che il diavolo, nelle prove permesse da Dio, si insinua per scoraggiare le persone, le amareggia, le fa lamentare e imprecare arrivando perfino a farle ribellare contro Dio e il prossimo. È la fine di tante persone che messe alla prova non reggono e rimangono nella loro mediocrità, non fanno il salto di qualità desiderato per loro da Dio. Potrebbero dare il 100% e invece si fermano a un misero 30% o anche meno, fino a isterilirsi del tutto nella vita interiore. Il loro cuore diventa « terra deserta, arida, senz'acqua » (Sl 63/62,2), anzi sterile e desolata.

Gemma ha percorso tutta la trafila della tentazione. Gesù stesso la prepara e gliela descrive con una chiarezza incredibile, che avrebbe messo nel timore e nello sconforto chi meno di Gemma era stato già provato e trovato capace di affrontare i più duri cimenti. L'assiste e guida in continuazione anche tramite la Madre sua, gli angeli e i santi perché la sua diletta possa reggere alla violenza degli urti, rendendo la sua faccia *dura come pietra*: « Il Signore Dio mi assiste, per questo non resto confuso, per questo rendo la mia faccia dura come pietra, sapendo di non restare deluso » (Is 50,7).

L'anima di Gemma è adamantina. Ma il cammino che deve percorre è ancora lungo e pieno di pericoli, terribile.

9
Le due fiamme

L'amore e il dolore

Il 20 dicembre del 1900, Gemma, quasi di passaggio e in conclusione della lettera a padre Germano scrive: « Quel Gesù ha sempre in mano due fiamme, e mi spiega che sono una di amore e l'altra di dolore »[1]. È certo una singolare immagine quella che Gemma riferisce, immagine di grande efficacia e che esprime nel modo più adeguato il paradosso del dolore e dell'amore che scaturisce dalla stessa sorgente, la carità di Cristo verso l'umanità. Di queste due fiamme Gemma arde e brucia. Ma quello che Gesù le chiede per vivere di questa stessa carità, è la totale conformazione alla sua passione nella forza dello Spirito.

« Gesù, facendosi sentire forte forte, mi disse: "O figlia, siccome l'amore mi si dimostra col dolore, tu d'ora in poi lo sentirai acuto nello spirito, e più tardi acuto nel corpo" »[2].

L'angelo quasi ogni giorno la sostiene in questa risposta, in questa scelta radicale e le mostra degli

[1] *Lettere e scritti*, p. 230.
[2] *Lettera a Volpi*, ottobre 1900, in *Lettere e scritti*, p. 123.

oggetti altamente simbolici, come la spada che le sarà messa nel cuore attraverso la croce e le propone di scegliere tra due corone, una di spine e l'altra di gigli, classica proposta che trova Gemma sempre più entusiasta e corrispondente a scegliere la corona di Gesù, appunto perché è sua:

« L'Angelo benedetto (che non la vuole intendere), giovedì sera, avanti che cominciassi a patire un po', venne di nuovo e si sporcò le mani bene bene. Gridammo, appena ci vedemmo: "*Viva Gesù!*". Adorammo insieme la Maestà grande di Dio; mi dette poi un dolore sì vivo dei miei peccati, e ne provai tanta pena, che mi vergognavo a trovarmi alla sua presenza; cercavo di nascondermi, sfuggirlo, e sfuggire alla vista di tutti. Durai assai in questo tormento, ma poi lui stesso mi fece coraggio; si tolse allora una spada dal suo seno e me la fece vedere, e mi disse che Gesù presto me l'avrebbe messa attraverso la croce nel mio povero cuore. Aveva poi due corone bellissime: una di spine assai lunghe; ma non era veramente una corona; era fatta a guisa di berretta: e l'altra era una ghirlanda di gigli. Mi chiese quale volessi (volevo obbedire, babbo mio, e non risposi nulla), me lo ripeté, gridando: "*Viva Gesù!*". Quelle cose che, al primo vederle, mi avevano assai turbata, mi fecero tutto a un tratto infinita consolazione, e risposi (non mi gridi, babbo mio, non lo farò più): "*Quella di Gesù*". Mi alzò quella di spine, la baciai più volte ridendo e piangendo, e l'angelo se ne andò; e mi lasciò così calma e quieta, che cominciai a soffrire, ma un soffrire dolce, e insieme un mucchio di pensieri e di affetti verso

Gesù, e desideri di soffrire sempre più, e presto volare da Lui »[3].

Attraverso i simboli determinate verità vengono espresse e quindi comprese meglio nella loro interezza e pregnanza. In questo caso le due fiamme in mano a Gesù, la spada/croce nel cuore, la corona di spine sul capo presentatale dall'angelo, vogliono simboleggiare la totale partecipazione, nel corpo e nello spirito, dolorosa e amorosa, alla passione di Cristo che si risolve in una piena conformazione allo Sposo crocifisso.

La salita del monte Calvario

Nel corso dei secoli sono state prodotte mirabili opere di riflessione sul cammino che un servo fedele del Signore deve percorrere per giungere alla meta, ossia la felicità eterna, godendo per sempre alla festa delle nozze dell'Agnello (Ap 19,7; 21,9). I padri e maestri spirituali con la riflessione unita alla propria esperienza spirituale hanno guidato innumerevoli persone a non commettere errori, a guardarsi dagli inganni delle passioni e del diavolo, a essere preparati nel combattimento spirituale, a crescere nello spirito sotto la spinta dello Spirito Santo, vero maestro delle anime.

Gli scritti che ci sono rimasti di Gemma Galgani non hanno nulla di scolastico, di sistematico. Non

[3] *Gemma a padre Germano*, 9 febbraio 1901, in *Lettere a scritti*, p. 243. Analoga narrazione si trova in *Scritti vari*, p. 712 (*Relazione sulla flagellazione e le due corone*, giovedì 7 febbraio 1901).

vi è nulla nei suoi scritti che possa essere paragonato alle composizioni di teologia mistica dei secoli precedenti. Addirittura i suoi colloqui estatici sono stati trascritti a sua insaputa; e certi editori non li hanno neppure inseriti tra gli scritti originali della santa. Quello che ci è rimasto di lei è legato alla occasionalità del rapporto epistolare con le persone più strettamente legate alla sua vita e alla sua vicenda spirituale.

Anche il *Diario*[4] (che va dal 19 luglio al 3 settembre 1900) e l'*Autobiografia* erano stati composti con grande riluttanza e solo dopo un ordine esplicito dei destinatari. Erano scritti destinati il primo a monsignor Volpi e il secondo a padre Germano. Il secondo scritto era composto in forma di lettera, e che Gemma aveva redatto, aiutata dall'angelo per ricordare episodi lontani nel tempo. Forma una specie di *confessione generale* che la santa iniziò a comporre il 17 febbraio del 1901 e che terminò tre mesi dopo. Sulla copertina del quaderno Gemma aveva scritto «Al babbo mio che lo bruci subito».

Come vedremo, il quaderno non fu bruciato dal suo «babbo spirituale», ma un tentativo di farlo scomparire tra le fiamme fu fatto lo stesso non da mani umane. Questi testi di Gemma, insieme al nutrito epistolario, rappresentano una forma di un suo magistero spirituale. Essi hanno una grande importanza innanzi tutto per comprendere la sua spiritualità, il suo itinerario mistico. Rivestono comunque il suo insegnamento, la sua sapienza evangelica da cui si può prendere ispirazione e nutrimento a piene mani.

[4] *Diario*, in *Lettere e scritti*, pp. 470-517.

È singolare che Gemma non abbia attinto a testi spirituali precedenti per comprendere il suo proprio, personalissimo cammino mistico. Questa è anche una constatazione fatta dagli studiosi della sua spiritualità. Gesù stesso le ha tracciato il cammino che lei avrebbe percorso. Gesù è stato il vero maestro spirituale della giovane mistica.

Specialmente l'ultimo periodo della vita di Gemma è caratterizzato dal « cielo divenuto per lei di bronzo », per usare i termini stessi della santa, dopo essere passata, come un singolare e dettagliato *itinerarium crucis*, per il « dolore amoroso », il « dolore doloroso » e la « notte scura scura », secondo le espressioni di una locuzione interiore da Gemma riportate in una lettera a monsignor Volpi del novembre-dicembre del 1900.

« Una mattina, dopo ricevuta la SS. Comunione, mi sembrò che Gesù mi dicesse queste parole: "Già il tuo Confessore se ne deve essere avveduto, che Io ti voglio far passare da tutta la fila della via mistica. Già la prima parte della tua vita è trascorsa; presentemente siamo alla fine del dolore amoroso, sopraggiungerà il dolore doloroso, e infine notte scura scura: e questa sarà la seconda e l'ultima parte della tua vita; e al termine di questa, o mia figlia, ti condurrò... in Cielo". Viva Gesù! »[5].

In altra locuzione, precedente a questa, forse della fine del 1899, sempre Gesù scende nei minimi dettagli dello stato interiore della giovane stimmatizzata, preparandola al « silenzio di Dio ». In antecedenza alla grande descrizione delle purificazioni interiori, altre locuzioni la preparano alla grande prova.

[5] *Gemma a monsignor Volpi*, dicembre 1900, in *Lettere e scritti*, p. 123.

Un martedì si trova dinanzi all'immagine del Sacro Cuore di Gesù e lo prega: « O Gesù mio, vi vorrei amare tanto tanto, ma non so fare! ». Sente la stessa voce: « Vuoi sempre amare Gesù? Non cessare mai un momento di soffrire per Lui. La Croce è il trono dei veri amanti di Gesù. La Croce è il patrimonio degli eletti, in questa vita ».

Il giovedì successivo, terminata di fare l'Ora Santa, la giovane sente la mano solita accarezzarle la fronte e la stessa voce che le dice: « Mi dici di che cosa temi, per negare in questo modo il sacrifizio del tuo cuore a Gesù? O non è forse Gesù stesso che lo vuole? Su via, fatti animo, dimentica tutto, abbandonati a Lui senza riserva. Amalo tanto Gesù, non opporre mai nessuno ostacolo ai suoi disegni, e vedrai in poco tempo quanta strada ti farà fare, senza che tu mai te ne avveda. Non temere di niente, poiché il Cuore di Gesù è il trono della misericordia, ove i miserabili sono i meglio accolti, purché l'amore li presenti nell'abisso delle loro miserie; però ricordati che Gesù vuole l'amor puro, e l'amor puro vuole o tutto o niente; il tuo cuore è sì piccolo, che non potrebbe contenere due amori, e non essendo fatto che per l'amor divino, non ha quiete fino a che vi fosse qualche altro amore mescolato »[6].

La discesa agli inferi

Ed ecco la « discesa agli inferi » che attende Gemma e alla quale Gesù la prepara:

[6] *Appunti di diario 1899*, in *Lettere e scritti*, pp. 704-705.

Dopo l'Ora Santa Gesù mi fece conoscere tutto quello che devo soffrire nel corso della mia vita; mi disse che in presto metterebbe a prova la mia virtù, se veramente lo ami e se l'offerta che Gli ho fatta sia vera. Mi ha detto che lo conoscerà quando il mio cuore mi parrà diventato un macigno; quando mi troverò arida, afflitta, tentata; quando tutti i sensi si ribelleranno, e saranno come tante bestie affamate:

« Sarai », soggiungeva, « sempre inclinata al male; ti torneranno in mente i piaceri della terra; la memoria ti porterà in mente tutto ciò che non vorresti; sempre avrai davanti tutto quello che è contrario a Dio; tutto ciò che è di Dio, più non lo sentirai; non permetterò mai che il tuo cuore abbia nessun conforto. I demoni con la licenza mia faranno continui sforzi per abbatterti l'anima; ti metteranno in mente cattivi pensieri, un odio grande contro l'orazione; terrori e timori ne avrai sempre tanti, e mai ti mancheranno.

Non ti mancheranno oltraggi e ingiurie, nessuno poi ti crederà. Da nessuno avrai mai alcun conforto, neppure dai tuoi superiori; anzi tutti ti mortificheranno, e sempre ti troverai in gran confusione; quello che ti darà maggior pena, sarà che il Cielo diverrà per te di bronzo, Gesù comparirà ai tuoi occhi tanto severo; anderai a fare orazione, e ti sembrerà non poterla fare; quando cercherai Gesù, mai lo troverai; anzi ti parrà che ti scacci e si allontani da te; vorrai raccoglierti, e ti distrarrai; chiamerai Maria SS.ma, i santi; ma nessuno avrà pietà di te: ti parrà di essere da tutti abbandonata.

Quando poi andrai per ricevere Gesù, ovvero per confessarti, non sentirai niente e diverranno cose tutte noiose; praticherai tutti gli esercizi di devozione, ma tutto per necessità, quasi fuori di te, e ti sembrerà tutto tempo perduto; nondimeno crederai, ma come tu non credessi; sempre spererai, ma come tu non sperassi; amerai Gesù, ma come tu non lo amassi, perché in questo tempo mai si farà sentire; di più ti verrà a noia la vita, e avrai paura della morte, e ti mancherà perfino lo sfogo di poter piangere »[7].

Quando poi ero per terminare l'Ora Santa, Gesù mi ha detto che vuol trattarmi nella stessa maniera che trattò Lui il suo Padre Celeste.

Io mi sono messa a piangere, a pensare a tutte queste cose, che non ci capisco nulla; allora il mio Angelo Custode mi ha detto che mi faccia coraggio, ché dopo la tempesta torna la calma; che il gran patire è necessario all'anima mia; per ora non lo conosco, ma un giorno verrò a scoprire il gran segreto. « Per ora », soggiungeva, « sappi che è vicino il tempo della tua visitazione, e sappi approfittarne. Se il calice è amaro, ricordati che Gesù l'ha consumato fino all'ultima stilla; rassegnati intanto al patire, e rallegrati e ringrazia Gesù, che solo per amore ti dà la sua croce »[8].

Tutto questo, e altro ancora, faceva dire a Cornelio Fabro: « Probabilmente Gemma è stata fra i pochi, i pochissimi santi che sono giunti a questo grado di desolazione e di abbandono. Vessata dal demonio perfino nelle ultime ore di vita, non riesce a ottenere l'esorcismo né da monsignor Volpi né dal rettore di Santa Maria della Rosa, il sacerdote Roberto Andreuccetti »[9].

[7] Gemma, nel *Colloquio* del 20 aprile 1900, dice: « O Gesù, le tue cose a momenti sono tutte accadute; una sola ne resta, un conforto solo, e poi me li hai tolti tutti: e l'ultimo me lo dicesti per l'ultimo, e sarà l'ultimo a mancarmi. O Gesù, non ti ricordi di quest'ultime parole che mi dicesti quel giorno: "Ti mancherà perfino l'ultimo conforto di poter piangere"?. Ma se tu vuoi togliermelo anche subito... Me ne hai tolto uno che non me lo credevo mai. Quell'ultimo che mi hai tolto, che sono due o tre giorni, non me lo avevi accennato » (p. 586).

[8] *Appunti di diario*, in *Lettere e scritti*, pp. 705-706.

[9] C. Fabro, *Gemma Galgani, testimone*..., p. 251.

Non le viene portato il Viatico il Venerdì santo, e lei resta digiuna per questo, soffrendo terribilmente la sete.

« Gesù certamente non avrà mancato di consolarla nell'intimo, ma la scena esterna, conclude l'illustre studioso, fa rabbrividire e ci turba profondamente »[10].

Le consolazioni e le desolazioni

Quello che rende la riflessione su questo itinerario della croce piena di stupore deriva dal fatto che tutto questo era stato puntualmente predetto da Gesù, per cui non si è trattato di riflessioni conseguenti a uno studio comparativo della stessa esperienza, ma tutto è accaduto in *presa diretta*, anzi, per dirla sempre con il Fabro, quasi *per direttissima*.

Una pagina davvero esemplare di Giovanni della Croce, tratta da *La Notte oscura dell'anima*[11] ci aiuta a comprendere la lunga notte di desolazione che ha sperimentato Gemma.

Il Dottore mistico dice che Dio per rinnovare l'anima, per renderla divina, la denuda e la purifica di tutte le proprietà dell'uomo vecchio; la sminuzza per così dire, la distrugge assorbendola tutta in una fitta tenebra. L'anima viene meno e si sente consumare, alla vista delle sue miserie, come da una morte di spirito orrenda, crudele. La poveretta sembra inghiottita nelle viscere profonde e tenebrose di un

[10] C. Fabro, *Gemma Galgani, testimone*..., p. 252.

[11] Juan de la cruz, *Noche oscura*, II, capp. 6-7 in *Obras completas*, Madrid 1980, pp. 576-582.

mostro, dove subisce tutto il lento lavorio di una tormentosa decomposizione come quella provata dal profeta Giona nel ventre della balena, e come lui, dal fondo del suo sepolcro, dove patisce i dolori della morte, l'anima aspetta il giorno della sua risurrezione spirituale.

A tutti questi dolori si aggiunge il non poter trovare sollievo e appoggio né in qualche insegnamento e neppure in qualche maestro spirituale. I direttori spirituali di Gemma invano cercano di darle qualche consolazione facendole capire che queste sofferenze avranno un termine e consolarla con la speranza certa del conseguimento di beni più grandi. L'anima non ci crede. Inabissata nel mare dei mali e delle miserie che vede in se stessa si convince di non essere compresa e attribuisce questo linguaggio all'ignoranza di ciò che prova e sente nel fondo del suo cuore. Perciò da tutto questo gliene deriva maggior dolore, giudicando non essere né poter essere quello il rimedio adatto e conveniente al suo male.

Finché il Signore non avrà terminato di purificarla nella maniera da lui voluta, non troverà nessun rimedio al suo dolore.

Questo cammino in Gemma si è modulato attraverso una graduale assimilazione al cuore di Cristo crocifisso, facendo propri i suoi sentimenti (Fil 2,5). Sono tante le esortazioni che l'angelo, san Gabriele dell'Addolorata ma soprattutto Gesù, rivolgono alla giovane stimmatizzata per spronarla ad amare la croce, vero trono regale dell'amore divino.

A pochi giorni dalla visita negativa dello Pfanner, che segnò una svolta dolorosa nella vita di Gemma, ella scrive, il 12 settembre, una lunga lettera[12] dove riporta quasi alla lettera quanto Gesù stesso le ha rivelato del suo stato d'animo e del perché di tante contraddizioni.

> Ieri sera Gesù mi disse che dicessi a lei queste cose: « Devi dire al tuo Confessore che qualunque segno vorrà di me, io glielo darò, purché sia solo; mi basta che lui solo sia certo che non è una malattia, come l'hanno creduta, e non è opera tua; però devi dirgli che io a te ti manderò tante croci », che invece di ricevere amore, riceverò odio e disprezzo, e per giunta sarò anche abbandonata da Gesù; però quando Gesù mi avrà messo in questo stato, io non devo pensare alla fine: ma devo prepararmi a delle altre croci, e a sostenerle fortemente.

Poi Gesù si rivolge direttamente alla giovane dicendole che lui si divertiva a mandare croci alle anime a lui care perché desiderava possedere l'anima loro, ma intera, e per questo le circondava di croci, e le chiudeva nelle tribolazioni, perché non scappassero di mano; e per questo lui spargeva le loro cose di spine, perché non si affezionassero a nessuno, ma provassero ogni suo contento in lui solo.

E continua:

> Figlia mia – mi diceva Gesù –, se la croce non la sentissi, non si potrebbe chiamare col nome di croce. Stai pure sicura che sotto la croce non ti perderai. Il demonio non ha forza contro quelle anime che per amor mio gemono sotto la croce. O figlia mia, quanti

[12] *Lettera a monsignor Volpi*, 12 settembre 1899, in *Lettere e scritti*, pp. 62-64.

mi avrebbero abbandonato, se non li avessi crocifissi! La croce è un dono troppo prezioso, e da esso si apprende molte virtù.

Gemma prega poi Gesù perché le conceda di amarlo tanto tanto, e il Signore le risponde che lo deve amare bevendo al calice della Passione. Gemma è disposta a tutto e Gesù la rincuora a farsi coraggio dopo quello che è successo qualche giorno prima.

Sposo di sangue

Gesù le svela il cammino che deve percorrere:

> Quando sarò tuo sposo di sangue – diceva Gesù –, io ti vorrò, ma crocifissa; mostrami tu l'amor tuo verso di me, come io l'ho mostrato verso di te, e sai come? Soffrendo pene e croci senza numero. Devi però tenerti onorata, se ti tratto così e se ti conduco per vie aspre e dolorose; permetto che ti tormenti il demonio, che ti disgusti il mondo, che ti affliggano le persone a te più care, e con quotidiano martirio e occulto permetto che l'anima tua sia purificata e provata. E tu, figlia mia, pensa solo in questo tempo a esercitare grandi virtù, ché questo è il momento; corri per le vie del divino volere, e umiliati, e stai sicura che se ti tengo in croce, ti amo[13].

La totale assimilazione di Gemma allo Sposo crocifisso comportò questa trafila, che si concluse soltanto sul letto di morte ma con delle peculiarità tutte proprie.

[13] La lettera, così densa e così vera, si chiude con un *postscriptum* di sconcertante sincerità: «Non creda niente, perché è la mia testa»: p. 64.

Riassumiamo brevemente il cammino fin qui percorso dalla mistica lucchese secondo quello che lei stessa scrisse nell'*Autobiografia.*

- 26 maggio 1885: prima locuzione interiore e primo invito al sacrificio volontario della mamma (Gemma ha sette anni);
- 17 giugno 1887: prima comunione, preceduta e seguita da singolari ispirazioni da parte di Dio e di propositi da parte di Gemma. Al periodo di fervore ne segue un altro di leggero sbandamento;
- 1888: la giovane si riprende. « Gesù operò in me una nuova conversione »;
- 1891: esercizi spirituali presso le suore Zitine, durante i quali riceve un nuovo impulso a cambiare e a darsi tutta a Gesù;
- 1889-1893: inizia la mortificazione dei sensi, guidata da suor Giulia Sestini; Gemma si sente spinta a pregare di più;
- 1895-1896: in seguito a un altro periodo di raffreddamento, dopo il lutto per la morte del fratello Gino, le compare l'angelo e l'ammonisce. Nuova promessa di cambiare vita. Si rende conto di essere debole ma confida nell'aiuto di Gesù per vivere in altro modo, ossia più vicina a lui;
- 1896: si desta un altro desiderio, cioè quello di « amare tanto Gesù Crocifisso..., di patire e aiutare Gesù nei suoi dolori »;
- 1898-1899: la grave malattia, grande prova purificatrice, dopo il periodo confuso di Camaiore;
- 1899: prima « Ora santa », susseguente alla guarigione, durante la quale si pone davanti al Crocifisso grondante sangue. Tornata in sé inizia ad avere un

orrore grande per il peccato e sente questo come la grazia più grande che le abbia fatto il Signore. Impressione interiore delle piaghe di Gesù. Restano così nella sua mente che mai più si cancelleranno.

- 8 giugno 1899: la stimmatizzazione.

Queste sono le tappe fondamentali della sua vita, che corrispondono al primo periodo definito da Gesù del « dolore amoroso ». Coincide grosso modo con quanto Gemma ha scritto di sé nell'*Autobiografia* e nel *Diario* (compresi i pochi ma molto significativi *Appunti* dello stesso).

A dire di Zoffoli – e acconsentiamo con la sua ricostruzione – questa prima fase della vita mistica di Gemma, ossia del « dolore amoroso », si chiude sul finire dell'inverno del 1901[14]. In effetti, insieme alle tante prove, tentazioni[15], purificazioni, a cui è stata sottoposta, non le sono mancate grazie grandi e sovrumane consolazioni.

Dal febbraio del 1901 fino all'autunno del 1902, Gemma vive un periodo di purificazioni passive dello spirito insieme alla scomparsa delle stimmate, della flagellazione e della coronazione di spine. Il dissenso nella guida del suo spirito che esplode in questo periodo, e raggiunge il suo acme tra il marzo e dicembre del 1901, accresce ancora a dismisura la prova. Il sereno tra monsignor Volpi e padre Germano tornerà soltanto con i primi mesi del 1902.

[14] E. Zoffoli, *La povera Gemma*, p. 652.

[15] In una lettera dell'8 marzo 1902 a padre Germano, Gemma appare sconcertata per quanto le ha detto una suora mantellata che metteva in dubbio tutti i doni che ella aveva ricevuto; la santa crede alla poco avveduta religiosa: in *Lettere e scritti*, p. 355.

Nel frattempo Chiappino si dà parecchio da fare per tormentare la giovane e scompaginare i progetti che Gesù desidera vengano realizzati su Gemma e tramite Gemma.

Per Zoffoli « la notte scura scura » scende su Gemma tra l'ottobre del 1902 fino alla morte, ossia nell'aprile dell'anno successivo. Per Naselli, invece, l'ultima tappa fatta di obbedienza e di espiazione nella « oscurissima notte » sarebbe iniziata già dal gennaio del 1902. Sembra di poter asserire, in base alle varie testimonianze come quella di Cecilia Giannini, che « la notte scura scura » abbia occupato la seconda parte del 1902 fino all'11 aprile del 1903 senza soluzione di continuità con la fase precedente con passaggi graduali, non facilmente riscontrabili.

L'ultimo colloquio estatico registrato risale al 12 gennaio del 1903. Tornano i temi abituali di amore a Gesù nel gustare le dolcezze dell'eucaristia; la santa chiede, inoltre, il dono della perseveranza e una buona morte per possedere Gesù in eterno. Il 18 gennaio Cecilia accenna a un altro colloquio estatico, dopo del quale Gemma disse: « Adesso poi non mi resta altro che prepararmi alla morte; perché ho fatto l'offerta a Dio di tutto e di tutti ». E io le dissi: « Anche di padre Germano? ». Ed essa rispose: « Sì »[16]. Dopo di che subentrerà il grande silenzio del Calvario. Niente e nessuno poteva ormai darle conforto. Nella solitudine della croce si consumava il suo patto nuziale d'amore, in quel deserto dove non è lecito a nessuno di poter entrare, senza essere chiamati, e dal quale po-

[16] *Colloquio 141* del 12 gennaio 1903, in *Lettere e scritti*, p. 693.

chi possono tornare indietro senza cadere nell'abisso della disperazione.

Cornelio Fabro asserisce che « la via di Gemma, nell'itinerario mistico, sembra stare a sé in una forma unitaria che si distacca dalle vie della mistica classica e non è stato ancora rilevato nel suo proprio dinamismo ch'è originale, a nostro debole avviso, ed eccezionalmente profondo perché sembra sfuggire a ogni determinazione o formula di scuola »[17].

[17] C. Fabro, *Gemma Galgani, testimone…*, p. 457.

10

« Amore vuole sempre amore »

Un modo certo sbagliato è quello di considerare i mistici quasi persi dietro le loro esperienze fuori dal comune. Invece non c'è persona più concreta di un mistico. Il Signore affida loro compiti delicati, a volte gravosi e anche rischiosi per il bene del suo popolo. Molti di loro, infatti, sono stati dotati del carisma della profezia.

Il filo d'oro dell'amore e del dolore

Anche a Gemma viene affidata una missione particolare. Questa missione affidatale da Gesù entra nel grande filone penitenziale-riparatore aperto con Margherita Maria Alacoque a Paray-le-Monial (1673-1675), è ripreso da Caterina Labouré con la medaglia miracolosa (1830), poi continuato con un crescendo impressionante a La Salette (1849), a Lourdes (1858) e a Fatima (1917).

Alla base di questa geografia dell'anima troviamo sempre cuori verginali che si offrono al Signore e alla Madre sua Immacolata perché il loro messaggio, di cui sono fedeli portatori, abbia una prima e persuasiva efficacia.

Contemporanea e maestra di Gemma, la beata Elena Guerra, fondatrice delle Oblate dello Spirito Santo, insistette presso Leone XIII perché richiamasse tutta la Chiesa sul dono dello Spirito Santo, lo Spirito del divino Amore, vivo e sempre presente in essa. Il Papa pubblicò nel 1897 la splendida e ricca enciclica *Divinum illud munus*, tutta dedicata allo Spirito Santo, anima della Chiesa.

Fa impressione notare che la vita di Gemma Galgani coincide esattamente, tranne lo scarto di pochissimi mesi, con gli anni del pontificato di Leone XIII (1878-1903). Si tratta di una semplice coincidenza? Può darsi. Ma vedendo le cose in prospettiva non è possibile sottrarsi alla suggestione di una provvidenzialità che va ben oltre la cronaca. Si può scorgere la trama di un recondito disegno, un *kairós* favorevole. Comunque Gemma è vissuta nella Chiesa dell'età leonina e per questa Chiesa, con tutte le sue grandezze e miserie, per la sua permanente missione di salvezza in quel determinato periodo, ha offerto la sua giovane esistenza. Per questa Chiesa Gesù voleva da Gemma l'assolvimento di una missione tutta speciale.

Erano tempi duri per la Chiesa cattolica. Un tempo duro per la povera gente che chiedeva pane ed era presa a cannonate nel 1899, da Bava Beccaris in piena Milano. L'Ottocento, il secolo delle rivoluzioni borghesi e liberali, delle conquiste a raffica del progresso e della tecnica, si chiudeva con una lunga parentesi dorata che prese il nome di *Belle Époque* per antonomasia. Sarebbe finita, nel passaggio del secolo, con il regicidio di Monza, le revolverate di Sarajevo e la « inutile strage » della prima guerra mondiale, come ebbe a chiamarla in modo profetico il papa Benedetto XV, purtroppo inascoltato dai « signori della guerra ». Preludio al fiume di sangue che avrebbe attraversato il secolo successivo.

L'esistenza « giovane e crocifissa » di Gemma « sostiene e alimenta un grande pontificato, quello leonino, e la Chiesa intera, nel silenzio di una casa lucchese », ha scritto un appassionato studioso e devoto di Gemma, Carmelo Naselli. Regge questo trapasso di secolo « in una altissima esperienza mistica riparatrice, fino a toccare le altezze vertiginose delle nozze col Cristo crocifisso, chiudendo così un secolo di grandi prove per la Chiesa, ma pure di una eccezionale fioritura di forze nuove e di santità, e aprendone un altro segnato dall'avanzata paurosa di un ateismo e materialismo implacabili e dalle sanguinose persecuzioni contro la Chiesa, mentre questa fiorisce di accresciuta universalità, di vitalità missionaria, di nuovi rigogliosi movimenti spirituali e di testimoni mistici giganti, il cui culmine è espresso da padre Pio da Pietrelcina »[1].

La missione di Gemma si avvicina in modo impressionante a quanto Gesù richiese a santa Margherita Maria Alacoque, il Cuore di Gesù, che « tanto ha amato gli uomini ma non riceve che ingratitudini e oltraggi ».

Gemma è stata aiutata dai suoi direttori spirituali, monsignor Volpi e padre Germano, a inserirsi sempre più deliberatamente nella grande missione della Chie-

[1] C. Naselli, *Una missione speciale affidata da Gesù a santa Gemma Galgani. Un piano divino per lo spirito di riparazione della Chiesa*, Roma 1979, p. 3.

sa: la salvezza delle anime e la redenzione dei « poveri peccatori ». Gesù, la Madonna, l'angelo custode, san Gabriele dell'Addolorata, santa Margherita Maria, come si desume dai colloqui estatici e da tante lettere e altri scritti, chiedevano a Gemma un'assoluta dedizione, una consacrazione piena e senza pentimenti a sacrificarsi per i fratelli perduti e lontani dalla grazia. Quante volte Gesù le ha detto: « Devi vivere solo per i peccatori! ». Consacrata all'Amore crocifisso, Gemma, da sposa fedele, ha condiviso in tutto la missione di salvezza del suo Sposo crocifisso.

Per questo non deve meravigliare più di tanto leggere, si può dire a ogni pagina, i richiami pressanti dell'angelo custode, o di san Gabriele dell'Addolorata come pure della Vergine e di Gesù stesso, perché Gemma non defletta mai dal suo impegno, dalla sua dedizione per gli altri, per i lontani, per i peccatori, ai quali vuole gridare con tutte le forze quanto sia buono e amabile il Signore.

Questa missione, alla quale Gemma si è votata con generosità eroica, rende la giovane lucchese davvero credibile. Se seguiamo il suo itinerario spirituale fino in fondo, non andiamo a impantanarci nella palude del sentimentalismo bigotto, dell'intimismo devozionale sganciato dalla vita e dalla missione della Chiesa. Gemma Galgani è stata a pieno titolo missionaria dell'Amore crocifisso non amato e da far amare.

Aiutare Gesù nei suoi dolori

È un mistero profondo quello della partecipazione dei mistici alla croce di Cristo. In base alle amorose e pressanti richieste di una risposta d'amore a un Amore fin troppo offeso si può parlare di una « contemporaneità doppia » di Gesù, Verbo incarnato-redentore, e dei credenti a Gesù sofferente, come scrive Cornelio Fabro riprendendo una grande intuizione del pensatore danese Soren Kierkegaard[2]. L'agonia di Gesù, sul filo del pensiero di Pascal, per la sua portata è coestensiva a tutta la storia dell'umanità, benché sia nettamente localizzata nel tempo e nello spazio. Nonostante Gesù sia l'unico salvatore, egli vuole prolungare la propria agonia nei suoi discepoli, come lo dimostrano tante esperienze, a cominciare da quella di san Paolo. Padre Pio da Pietrelcina, ultimo santo stimmatizzato, in una lettera del 19 marzo 1913 al proprio direttore spirituale, riferisce il dolore di Gesù per la profanazione dell'eucaristia, per cui arriva a chiamare « macellai » i sacerdoti che celebrano in modo indegno.

Gemma, nella pia pratica dell'« Ora santa con Gesù agonizzante nel Getsemani », trovava le motivazioni per sentirsi scelta e per scegliere Gesù e la sua croce, in una drammatica, permanente contemporaneità del fatto accaduto che continuamente si ripropone.

La « missione speciale » di Gemma

Il 13 ottobre 1901 Gemma scrive una lunga e drammatica lettera a padre Germano.

[2] Per questo argomento seguiamo le acute riflessioni di C. Fabro, svolte in *Gemma Galgani, testimone*..., pp. 70-80.

« Dopo la SS. Comunione Gesù si fa sentire in modo che quasi direi di non reggere e di morire », scrive. Gesù vuole che comunichi al suo direttore lontano « cose grandi ». Poi il Signore presenta all'estatica un quadro fosco della cattiveria umana. « Figlia mia, quanta ingratitudine e malizia vi è nel mondo! », esclama Gesù. E prosegue: « I peccatori continuano a vivere nella loro pertinace ostinazione di peccati... I ministri del mio santuario... L'indifferenza va ogni giorno crescendo, nessuno si ravvede... Nessuno cura più il mio amore; il mio cuore è dimenticato, è come se io non avessi patito nulla, come se fossi a tutti sconosciuto... Ho bisogno di vittime e di vittime forti... Il mio Celeste Padre sta preparando un gran castigo sopra tutto il genere umano... Figlia, scrivi immantinente al babbo tuo (padre Germano) che si rechi a Roma, parli di questo mio desiderio al Santo Padre, gli dica che un gran castigo è minacciato e mi abbisognano vittime ».

Gesù poi chiedeva, come segno tangibile di questa disponibilità della Chiesa alla riparazione dei peccati del genere umano, la fondazione di un monastero di claustrali Passioniste in Lucca. Il monastero doveva essere come un segno permanente di questa dedizione riparatrice.

La proposta di cui Gemma si faceva portavoce non fu accolta con la dovuta sollecitudine da chi di dovere e ciò per vari motivi. Le richieste da presentare al Papa sembrarono fuori luogo e non così urgenti e pressanti. Il progetto del monastero passionista sembrava poi irrealizzabile, in una città già tanto ricca di comunità claustrali oltre che di presenze ecclesiali ed ecclesiastiche.

Gemma, comunque, non rinuncerà ad assolvere alla sua missione. Porterà « sulle spalle » un peccatore da convertire fino al giorno della sua morte. Già gravemente ammalata, si era trascinata di casa in casa a chiedere collaborazione fattiva per il progetto di fondazione del monastero raccogliendo qualche obolo. Il desiderio di Gesù resterà tale fino alla morte della santa. Padre Germano non finirà di rammaricarsi per aver temporeggiato. Solo qualche anno dopo, la fondazione del monastero passionista a Lucca diverrà realtà.

Dall'ottobre del 1897 papa Leone XIII aveva richiamato tutta la Chiesa sul dono e la presenza permanente in essa dello Spirito Santo. Ora nel 1901, tramite Gemma, Gesù richiede ancora riparazione per i peccati. Forse molti fedeli non avevano preso ancora atto della meravigliosa realtà dello Spirito, anima della Chiesa, che rendeva la stessa forte e irresistibile contro le forze del male. Prima ancora, già dal 1884, il Papa aveva condannato le sette segrete, specialmente la massoneria (Enciclica « *Humanum genus* »[3]) e con atto di profonda fede, nel gennaio dello stesso anno aveva ordinato che alla fine della Messa si recitassero alcune preghiere, composte dal Papa stesso, per le necessità della Chiesa. Fra queste l'invocazione all'arcangelo san Michele[4] dovuta a una visione avuta dal Papa.

Forse anche per questo Gemma, come altri mistici, quali Padre Pio e ancora più vicina a noi, Marthe Robin, è stata lasciata quasi in balia del maligno, per

[3] *Acta Sanctae Sedis*, 16, 20 aprile 1884, p. 480.
[4] *Acta Leonis XIII*, IV, 7.

essere come un dispositivo di sicurezza in un mondo perso nelle tenebre e nell'ombra della morte. È stata vagliata come il grano (Lc 22,31). Si fa fatica a capirlo, ma i fatti sono incontestabili. La vocazione e missione di Gemma Galgani nella Chiesa passa attraverso queste categorie di condivisione riparatrice che devono tener conto anche del «potere delle tenebre», che fino alla fine cercherà con ogni mezzo e in ogni modo di combattere i figli della luce.

11

Tra angeli e demoni

Uno degli aspetti che più colpiscono, nel cammino mistico di Gemma, è la presenza quasi onnicomprensiva del soprannaturale nelle forme più evidenti e straordinarie. Il suo epistolario, il *Diario*, l'*Autobiografia*, i colloqui estatici sono pieni di queste presenze dell'aldilà. Si è colti come da una sorta di vertigine nel leggere con quanta naturalezza e familiarità Gemma tratti con Gesù, con la Vergine Maria, gli angeli, i santi.

I censori teologi interpellati per esaminare i suoi scritti, all'apertura dei processi per la canonizzazione, rimasero fortemente perplessi e qualcuno diede parere negativo sull'attendibilità di quello che l'estatica di Lucca sperimentava e narrava con tanta semplicità e disarmante naturalezza. A loro parere nel leggere gli scritti di Gemma sembrava essere tornati in pieno Medioevo, nel clima dei *Fioretti* francescani, per intenderci, e forse anche più indietro: alle prime narrazioni agiografiche dei santi più celebri, come l'abate sant'Antonio, lottatore intrepido del demonio e amico degli angeli, secondo la narrazione che ne fece il grande sant'Atanasio, vescovo di Alessandria d'Egitto.

Non fu difficile dimostrare, in una difesa ineccepibile, redatta dall'esimio passionista padre Luigi Besi (+ 1923), che si occupava della causa di Gemma dopo la morte di padre Germano, che nella ragazza lucchese non vi era nulla di strano o di diverso rispetto a quello che in tanti altri santi, soprattutto mistici, era già accaduto, non solo nel più remoto passato ma anche nei tempi più recenti. E, ironia delle circostanze, proprio mentre si discuteva animatamente sull'attendibilità dei fatti riguardanti Gemma, accadevano più o meno le stesse cose vissute dalla ragazza toscana anche nello stimmatizzato del Gargano, san Pio da Pietrelcina, devotissimo ammiratore di Gemma; e le stesse manifestazioni straordinarie del soprannaturale si manifestavano in Teresa Neumann. Di lì a qualche anno, dopo la morte di Gemma, saranno gli angeli a preparare i tre fanciulli di Fatima a ricevere le grandi rivelazioni della Madonna del Rosario e della pace.

Gli angeli

Nel leggere gli scritti di Gemma, che sono la fonte primaria della conoscenza di lei, si resta dunque colpiti da questa familiarità con il soprannaturale, tanto da far dire al filosofo Cornelio Fabro che Gemma ne è stata testimone privilegiata. La consuetudine, poi, con l'angelo è davvero sorprendente. Il suo rapporto con l'angelo custode va ben oltre le convinzioni scaturite dalla fede. C'è in lei un rapporto quotidiano, anzi, continuo con il suo angelo da rasentare spesso la fisicità. Gemma non è nuova a questa esperienza. Abbiamo visto nel caso della sua malattia mortale, nel 1899, quando la beata Margherita Maria Alacoque le pone la mano sulla fronte, prende la sua mano e la stringe con la propria; addirittura si sente baciata sulla fronte e avverte l'alito della persona che si è chinata sul suo capezzale.

Per Gemma, l'angelo custode è come un fratello maggiore, premuroso ma anche abbastanza severo al momento giusto. Lo considera l'amico di cui fidarsi ciecamente, il maestro da seguire con docilità, la guida che non solo le addita la meta verso cui è diretta ma la sostiene e spesso l'incoraggia. Più di una volta scherza con la ragazza con una confidenza unica, che trova pochissimi riscontri nell'agiografia.

Nell'estrema indigenza in cui Gemma si trova, le riesce più che naturale incaricare l'angelo di far giungere le sue lettere a padre Germano, perché « non ha nissuni quattrini » per i francobolli. I riscontri e le verifiche non mancano per questo via vai postale. Padre Germano incarica Cecilia Giannini e anche Eufemia, fatta partecipe dei segreti più riservati di Gemma, di mettere le lettere sotto chiave; ordina di controllare l'orario in cui Gemma dice di vedere l'angelo portar via la missive. Lui stesso controlla e registra.

Una volta, mentre si intrattiene nel suo studio con un sacerdote, sente picchiettare alla finestra e scorge il frullo d'ali di un passero. Si accosta alla finestra e vede poggiata sul davanzale una lettera di Gemma. Il prelato sbalordito assiste alla scena e si commuove insieme al « babbo » della « povera Gemma ».

Dai primi richiami angelici, dopo la morte di Gino, è un susseguirsi ininterrotto del magistero tutto peculiare nei confronti di questa ragazza, davvero bisognosa, nei terribili frangenti in cui si trova a vivere, di sostegno visibile e sensibile. L'angelo l'accompagna per le strade di Lucca, veglia con lei finché Gemma non prende sonno. Pregano insieme, qualche volta si tengono reciprocamente il muso perché Gemma non fa quello che le viene richiesto, oppure è lei stessa che non è contenta del comportamento del suo celeste protettore. Qualche volta, in momenti di particolare sfinimento, l'angelo la conforta perfino con una tazzina di un liquido celestiale. E se viene trattato male, perché Gemma teme di essere suggestionata da Chiappino, per obbedire alle ingiunzioni dei suoi padri spirituali, fino a ricevere degli sputi addosso, sulla macchia umida del pavimento si vede spuntare un fiore candido in cui è scritto: « Dall'amore tutto si riceve ».

Se si torna indietro nella storia dei santi, possiamo trovare un riscontro analogo soltanto in santa Francesca Romana, la monaca di Tor de' Specchi, vissuta nel XV secolo. Con padre Pio da Pietrelcina l'angelo custode, per certi versi, è ancora più condiscendente che con Gemma. Gli spiegava il francese, gli traduceva testi in greco. Lo illuminava sullo stato spirituale delle persone che venivano sempre numerose e assillanti a trovarlo e a cercare la sua benedizione. Più di una volta prese le sue sembianze in casi documentati di bi-locazione. Quest'ultima particolarità non la ritroviamo in Gemma, ma non c'è dubbio che l'angelo custode sia stato davvero la più sicura guida di Gemma fino alle vette della perfezione evangelica.

La vita di Gemma non è stata rallegrata solo dalle presenze angeliche, messaggere di Dio. Ha sofferto e subìto, in certa misura, « la potestà delle tenebre » (Lc 22,53).

Se il mistero dell'aldilà degli spiriti beati ci attira, quello degli spiriti dannati ci fa trepidare e ci lascia inquieti.

Ci possono essere due atteggiamenti uguali e contrari rispetto a questa realtà ultraterrena. Si può minimizzare o addirittura azzerare tutto, relegandola ai « secoli bui » del Medioevo. Oppure si sopravvaluta questo influsso nella vita delle persone e nella storia dell'umanità in modo tale da vedere il diavolo dappertutto, in qualsiasi situazione di malattia, di disgrazia, in qualsiasi situazione negativa o sfavorevole ai propri progetti.

La verità, come sempre, sta nel giusto mezzo. Il diavolo esiste. Le sue tracce sono ben evidenti nella Sacra Scrittura. Gesù stesso lo ha combattuto e vinto. La tradizione dell'insegnamento della Chiesa, nei Concili come pure nel magistero dei papi, i catechismi, gli altri documenti ufficiali ce lo insegnano. Le preghiere tradizionali e quelle liturgiche ci insegnano a chiedere di essere « preservati dal maligno ». Esistono riti liturgici che in particolarissimi casi vengono utilizzati da esorcisti autorizzati dai vescovi per cacciare Satana che si è impossessato di una persona o, caso più frequente, agisce in modo tale da disturbarla e crearle disagi nella vita quotidiana e nell'operare il bene.

I demòni sono angeli creati da Dio per la sua gloria. Essi si sono allontanati da lui per cercare la propria gloria invece di quella di Dio, con una scelta volontaria e irreversibile. Saranno privi per sempre della visione di Dio e bruciano di un misterioso fuoco reale, punizione per la loro superbia. Subiscono questa pena giusta con rabbia e con bestemmie. Anche se non possono intaccare seriamente il creato e l'uomo, possono fare grandi danni all'uno e all'altro.

La Chiesa, nella liturgia degli esorcismi, lo definisce: «Maestro degli eretici». Ci provò anche con Gesù, il quale lo vince di continuo svelandone le astuzie diaboliche, rivelando la sua azione malefica, scacciandolo dai posseduti.

Nella storia di Gemma troviamo nomi, anzi nomignoli, per designare il diavolo. Nomignoli piuttosto buffi, inventati da Gemma stessa o da padre Germano, come quello di *chiappino*, *berliffo* o *farfanicchio*. Gemma, da brava toscana, gareggia con Dante Alighieri nell'inventarsi nomi da «povero diavolo». Sembra, questo, un modo come un altro per fare un piccolo esorcismo, evocando lo spirito del male, ma senza nominarlo direttamente, quasi in funzione apotropaica (dire il contrario di una cosa per negarne il valore e l'effetto malefico). Purtroppo non sempre questo espediente riusciva. La santa, pur disprezzando profondamente il diavolo, ha sofferto il soffribile per opera sua, in una lotta senza riposo e fino alla fine della sua vita. Chiappino si è servito anche in modo raffinato di persone che, pur animate – almeno così sembra – da buone intenzioni, crearono non poche difficoltà e sofferenze alla giovane stimmatizzata. Una battaglia clamorosamente vinta da Chiappino fu quella della mancata monacazione di Gemma. Altre azioni di guerriglia lo trovarono predominante, come nel caso delle perplessità dei vari confessori e personaggi che si occuparono di lei, da farli perfino giungere al dissenso nella direzione che Gemma doveva seguire per farle percorrere il cammino che il Signore le stava tracciando. Non parliamo dell'aperta ostilità, del disprezzo e delle calunnie, seminate a piene mani nell'ambiente lucchese.

Nella vita di Gemma troviamo registrata la presenza angelica subito dopo la crisi per la morte di Gino, quando il papà Enrico e gli altri di casa cercarono di farla divagare e distrarre da quei pensieri di morte per un lutto così amaro da risultare quasi insopportabile. La presenza del diavolo nella vita di Gemma si trova registrata non prima dell'anno più importante della sua vita: il 1899. La lotta contro la giovane mistica, da sorda e occulta, come avviene nella stragrande maggioranza delle persone, comincia a farsi più evidente, palese e aggressiva. Da lotta divenne guerra aperta, quando la vocazione di Gemma si definì in tutti i particolari. In modo preciso quando la sua vocazione di consacrata si stava esplicitando nella missione di preghiera, di intercessione e di espiazione per i peccatori, coinvolgendo altri in una sorta di movimento spirituale che finalizzava a questo scopo le preghiere, le opere buone, la fondazione del monastero delle Passioniste nella sua città.

Per questa finalità esisteva un'armonia profonda tra Gemma, monsignor Volpi, padre Germano, Cecilia Giannini e altre persone che avevano aderito a un piccolo gruppo denominato « sacro collegio », fondato a Roma da Germano stesso, e al quale avevano subito aderito Gemma e le altre.

Le tante forme della guerriglia

Le forme in cui la guerriglia diabolica si espresse e accanì in modo tutto peculiare contro Gemma corrisponde alle classiche manifestazioni e presenze del maligno.

Le macchinazioni di cui parla l'apostolo Paolo nella seconda lettera ai Corinzi (2,11), che tendono a impedire, in modo sistematico e organizzato, le opere buone. Poi ci sono *gli impedimenti*. Sempre l'Apostolo ne parla nella prima lettera ai Tessalonicesi (4,15) perché un suo viaggio apostolico viene impedito da Satana. Il demonio, poi, spinge in ogni modo a commettere peccati e cerca di impedire, nell'approssimarsi della morte, di confidare in Dio e nel suo infinito amore misericordioso.

L'azione del diavolo può manifestarsi sull'uomo mediante *idee fisse* nella quotidianità, spingendo al pessimismo, a una visione negativa delle persone e delle situazioni. In modo più esplicito, la sua azione comincia a evidenziarsi nella *infestazione diabolica locale*, su di una casa, un appartamento, una camera, uno spazio aperto, attraverso rumori, grida, musica ossessiva e disarmonica, odori nauseanti, immagini tetre, calori o freddi insopportabili.

Vi è anche *l'infestazione personale*, detta pure *ossessione*, quando il diavolo riesce a impossessarsi della persona e a strumentalizzarla al di là della sua volontà, eccitando le forze fisiche in grado superiore alla normale portata. *La vessazione*, invece, si manifesta tramite fastidi fisici, pruriti, graffi, autolesionismo di maggiore o minore entità. Infine esiste anche *la possessione vera e propria*: il diavolo esercita, allora, sulla persona un influsso totale. La guida, la dirige, la spinge ad agire in maniera non voluta.

Nella vicenda di Gemma vediamo manifestarsi in modi anche clamorosi e inquietanti l'infestazione personale, la vessazione, e forse anche la possessione. Qualche volta i testimoni parlano di infestazione locale nelle stanze o nelle case abitate dalla santa.

Chiappino non esita neppure a percuoterla fino a causarle distorsioni nelle giunture; le strappa i capelli, la sbatacchia da una parete all'altra della stanza dove cercava rifugio nella preghiera. La opprime, quando è a letto, ormai sfinita dalla malattia, con pesi insopportabili. Le sussurra parole sconce di disperazione, di odio. La spinge a disprezzare e a trattare male anche le persone da lei amate e venerate, come Cecilia, monsignor Volpi, il padre Pietro Paolo Moreschini[1], padre Germano e altri sacerdoti, religiose e religiosi.

Insomma un continuo sfinimento. Una prova durissima, incessante, senza tregua. Gemma stessa predisse a Cecilia, verso la fine di giugno del 1902, che ci sarebbe stata una grande battaglia, che sarebbe stata la più grossa, e sarebbe stata l'ultima. Alludeva, rifletterà Cecilia, all'abbandono totale sulla croce che Gemma avrebbe affrontato fino alla morte.

[1] «Il demonio l'assaliva e imperando sopra i sensi di quella creatura, le faceva fare atti da ossessa. Si gettava in terra, si avventava alle persone, se queste le avessero presentato qualche oggetto di devozione, sputava addosso al Crocifisso e all'immagine della Madonna, e ricordo che un giorno mi prese in mano la corona della cintola e me la troncò in vari pezzi» (monsignor Pietro Paolo Moreschini).

« Ma tu… dove ti sei nascosto! »

In un colloquio estatico con Gesù, il 31 ottobre del 1902, Gemma si lamenta dolcemente con il Signore: « Il demonio, o Signore, tenta le mie forze e tu non vieni meco? Che farò io priva di te… Che farò io priva di te?... Che farò io priva di te se tu mi vieni a mancare?... Io mi abbandono, tremo, piango, se penso che tu mi verrai a mancare. Pietà di me, Signore! Io son sola, pietà di me!... Ti chiamo tante volte al giorno; sempre ti cerco… ma tu… dove ti sei nascosto! »[2].

Chiappino con Gemma, anche se ha vinto molte battaglie, alla fine ha perso e in modo clamoroso, la guerra. La sua è stata la classica vittoria di Pirro. La giovane lucchese ha combattuto la buona battaglia, ha terminato la corsa, non ha perso la fede (2Tim 4,1-8).

Annota acutamente Cornelio Fabro: « La realtà della vita e missione di santa Gemma Galgani come "testimone del soprannaturale" si presenta nella forma di un'esperienza immediata, cioè intensiva e diretta, di un *itinerarium crucis* fra balenamenti di cielo e sussulti d'inferno, nella totale conformità ai dolori di Cristo nella sua Passione e Morte »[3].

Le difficoltà di un discernimento

Uno dei punti più sconcertanti della vicenda di Gemma è legato alla discordanza di pareri sulla genui-

[2] *Colloquio 135*, del 31 ottobre 1902, in *Lettere e scritti*, p. 689.
[3] C. Fabro, *Gemma Galgani, testimone…*, p. 7.

nità dei suoi doni mistici straordinari, meno sulla sua vita virtuosa. I protagonisti di questi *dissensi incresciosi*, come ben li definisce Enrico Zoffoli, non è difficile immaginarlo, sono innanzi tutto monsignor Volpi e padre Germano. Semplificando un po' gli *schieramenti*, dalla parte del prelato, anche se figure di contorno, sono: don Bernardino Farnocchia e il dottor Pietro Pfanner.

Dalla parte di padre Germano si collocano decisamente la zia Elisa Galgani, i Giannini, principalmente Cecilia ed Eufemia, e vari Passionisti, tra i quali spicca padre Pietro Paolo Moreschini e madre Giuseppa Armellini, monaca di Tarquinia.

Assume un atteggiamento contrario, dopo un iniziale entusiasmo per Gemma, padre Gaetano Guidi e la superiora delle monache Passioniste di Tarquinia, madre Vittoria Bruschi. Quest'ultima, più per le voci negative riportate che per una conoscenza diretta, manifestò forti perplessità sulla venuta di Gemma in monastero e quindi fu causa del persistente giudizio non buono sulla giovane da parte di certi ambienti passionisti e lucchesi.

Don Farnocchia, dall'insieme della vicenda in quel cruciale 1901, occupa un posto di tutto rilievo come consigliere ascoltato e seguito da monsignor Volpi, nonostante il pensiero decisamente contrario di padre Germano e la ripugnanza della stessa Gemma, che sopportò in modo eroico l'incontro imposto da Volpi con questo ecclesiastico di meschine vedute e pieno di pregiudizi nei suoi confronti.

Il carteggio superstite intercorso tra monsignor Volpi, padre Germano, Gemma stessa e Cecilia Giannini, ci rende edotti di questi *dissensi* che, in conclusione, amareggiarono un po' tutti. Non furono senza conseguenze e strascichi ben oltre la morte di Gemma. Entrarono nel merito delle competenze dei tribunali ecclesiastici che si occuparono della causa di beatificazione e canonizzazione della giovane.

In tutta questa sconcertante vicenda, che fece molto soffrire la povera Gemma, è innegabile il ruolo giocato dal segretario del vescovo, don Bernardino Farnocchia, chiamato sarcasticamente da Cornelio Fabro, « ninfa egeria di monsignor Volpi »[4]. Di quale spessore psicologico, tendente alla paranoia, di quale meschinità concettuale fosse questo ecclesiastico, se ne resero ben conto i giudici del processo apostolico di Pisa[5].

Resta innegabile il fatto che il prelato pur degno, ricco di spiritualità e zelante, nei confronti di Gemma non sia stato in grado di valutarne appieno i disegni che Dio aveva su di lei e si sia circondato, purtroppo, di persone non all'altezza del compito richiesto.

Gemma in questa situazione fa da catalizzatore tra il bene e il male, nell'eterna lotta tra luce e tenebre e la crepuscolarità del discernimento, che a stento e a fatica rintraccia la volontà divina.

L'impossibile normalità

Nell'estate del 1902 i Giannini portarono anche Gemma con loro in vacanza a Viareggio, come già

[4] C. Fabro, *Gemma Galgani, testimone*..., p. 8.

[5] Sempre C. Fabro (*Gemma Galgani, testimone*..., p. 8) cita la testimonianza di Farnocchia in PAP, *Animadversiones del Prom. gen. fede*, n. 32, p. 46; e la convinzione di papa Pio X che pensava Gemma mandata da Dio come testimone del soprannaturale nel periodo del modernismo.

negli anni precedenti[6]. Vi si trovava a villeggiare anche monsignor Volpi[7], per cui la ragazza ebbe modo di frequentare il suo confessionale, forse con maggiore calma che a Lucca.

La mia famiglia – ricorda Mariano Giannini – si recava ogni anno a Viareggio, alle bagnature, per tutto il mese di luglio, in una delle tante case d'affitto che mamma e zia andavano a fissare qualche giorno prima. La sceglievano per lo più vicino alla chiesa di Sant'Andrea, non molto distante dal mare. Nel 1900 lasciammo, per la prima volta, la spiaggia di Viareggio per quella di Motrone, pochi chilometri più a nord. Una fortunata occasione fece sì che i miei trovassero una comoda villa sul mare, con una bellissima pineta, un quadrato di mezzo chilometro di lato. L'ottennero dal marchese Origo. Lo zio (don Agrimonti) celebrava la messa ogni mattina in una piccola cappella, appartenente alla villa, posta in fondo alla tenuta, sulla strada provinciale.

La villa Origo ospitò per alcuni giorni anche Gemma, venuta con la zia da Lucca. Essa pure ha assistito alle nostre pesche, ma non fece mai il bagno. L'anno seguente (1902), ritornammo a Viareggio, in casa Bartocchini, sulla piazza Garibaldi e anche qui ha abitato Gemma per qualche giorno. L'anno che andammo a Motrone, invece del treno, prendemmo una diligenza a due cavalli e ci fermammo per fare uno spuntino in cima alla salita del Monte di Chiesa. Il 29 luglio ritornando con lo stesso mezzo a Lucca, quando fummo a

6 M. Giannini, *Il prato fiorito*, vol. I, ha pagine vivacissime sulle vacanze a Viareggio (pp. 92-99).

7 M. Giannini ci informa che il prelato era « abilissimo nuotatore, scendeva in mare per il bagno la mattina molto presto, quando vi era pochissima gente » (*Il prato fiorito*, vol. I, p. 96).

Massarosa, rimanemmo attoniti e atterriti nello scorgere sui muri i manifesti a lutto con la notizia dell'assassinio del re Umberto a Monza[8].

Gemma, pur in mezzo a tanti problemi di famiglia, nonostante tanti rovesci di fortuna, era una ragazza normale: semplice, intelligente e tranquilla, alla quale non sono affatto mancate occasioni per scegliere una vita tranquilla e senza scosse. La sua vocazione di sposa di un re crocifisso è stata una scelta di vita, consapevole, libera e confermata giorno dopo giorno.

Il 27 luglio 1902, a pochi mesi dalla morte, in una lunga lettera a padre Germano, gli racconta che con i Giannini è stata al mare, a Viareggio (perché anche lei ha fatto le sue gite: a Controne con i Giannini, a Pescaglia, a Cerreto di Sopra, Rughi, Porcari, San Gennaro, al borgo natale, ossia Camigliano; e poi a Camaiore, a Marina di Pietrasanta e in Versilia). Parla dunque delle dolcezze che prova in Gesù: « Gesù continua, anzi accresce le sue dolcezze verso questa vile creatura: ogni giorno, anzi che offrirmi un calice di pene, mi offre un calice di sollievo, di conforto, di gioia e di amore ».

Poi si abbandona a una confidenza sorprendente, che squarcia il velo della sua anima e l'arduo cammino al quale era stata chiamata e che percorreva con passi da gigante. « Sono stata due giorni un po' sossopra », scrive. Cosa era successo? Niente di stra-

[8] M. Giannini, *Il prato fiorito*, vol. I, p. 94. I bagni per le donne e le suore erano quelli del *Dori*; per gli uomini era riservato lo stabilimento *Colombo* che era frequentato da « moltissimi preti (di Lucca), i padri Serviti di Sant'Andrea di Viareggio, qualche canonico di Pisa, di Camaiore » (p. 95).

ordinario: soltanto la riflessione umana di una ragazza normale. Infatti, non si tratta dei soliti disturbi del Chiappino; neppure dei fraterni rimproveri dell'angelo custode o di san Gabriele dell'Addolorata ad angustiare Gemma.

Sentiamola:

« Guardavo quelli di casa, per esempio Annetta, Eufemia, e pensavo: "Come mi piacerebbe vivere come vivono loro senza nessune cose straordinarie e mille strane idee". Ma Gesù, proprio in tempo di cena, mi ridette la pace con queste parole: "Figlia, e non ti piace far la mia volontà?". Mi tornò la calma e non pensai a nulla più »[9].

Gemma non faceva il bagno con i Giannini e i loro ospiti. Si limitava ad accompagnarli in spiaggia, con la veste nera più leggera, libera dall'eterna mantellina che indossava sempre a Lucca. Si divertiva un mondo a vedere i bambini ridere e scherzare nell'acqua nei goffi e pesanti costumi da bagno dell'epoca: sporchi di sabbia, affannati, allegri e affamati.

La dolcezza del sole e del mare della Versilia forse l'avevano un po' deconcentrata, resa più rilassata, visibilmente più gaia. Era stata « un po' sossopra », facendole sognare una impossibile normalità: « Senza nessune cose straordinarie e mille strane idee… ».

Sarà Gesù stesso, mentre con la numerosa comitiva consumava la cena in una di quelle magiche sere di mare, quando il sole e la luce sembrano non finire mai, che pensa a rimettere la sua fragile barchetta

[9] *Lettera 132*, in *Lettere e scritti*, pp. 375-376.

sulla rotta giusta: « Mi tornò la calma e non pensai a nulla più »[10].

« Come mi piacerebbe vivere... senza nessune cose straordinarie ».

E lo straordinario era quello che sperimentava, quello che soffriva, tutto quello che le veniva chiesto come risposta amorosa a uno sposo di sangue e di gloria. Le veniva chiesto, in forme cruente, di pregare e di offrirsi per la conversione dei peccatori. Le veniva chiesto di essere associata alla grande passione della Chiesa, madre di santi che porta nel suo seno tanti figli peccatori. Per questa vocazione le era stata vietata la normalità di una vita comune, come tutti.

Si faceva fatica ad accettare in Gemma il suo destino straordinario. « Molti », scrive padre Germano, « e lo stesso suo confessore ordinario, si mostravano poco meno che titubanti innanzi a cose tanto straordinarie che vedevano in una semplice fanciulla al suo primo metter piede nella via della perfezione, e si dicevano l'un l'altro: "Ma sarà, ma potrà essere da Dio un tale stato, che appena si trova nei grandi santi che fiorirono nella Chiesa?" »[11].

Questo è il punto. Sempre altrove, ma non a Lucca; sempre in altra epoca, non nella nostra; magari con altre persone, non con quelle che abbiamo accanto, non con la figlia di un farmacista fallito, di una

[10] « Dopo cena uscivamo di nuovo, che era ancora giorno, per andare alla benedizione in Sant'Andrea. La funzione terminava tutte le sere col canto dello *Stabat Mater* (...). La lunga e mesta cantilena lasciava nel mio animo infantile un senso arcano di mistero. Quando uscivamo di chiesa era già notte e ci conducevano ancora a fare una breve passeggiata in *piaggia* » (M. Giannini, *Il prato fiorito*, vol. I, p. 97).

[11] *Positio*, 1920, *Summarium*, p. 284.

famiglia disastrata e umiliata. Dio dovrebbe compiere le sue meraviglie con una specie di concorso di bellezza. Invece il nostro Dio è « Dio dei vivi, non dei morti » (Mt 22,32). Il suo Spirito vivificante opera sempre, dappertutto e con tutti. Fa fiorire il deserto e rende feconde le sterili (Lc 1,25).

Gemma non faceva conto del giudizio superficiale degli altri. Anzi, aveva una robusta autostima. Padre Germano scrive che aveva moltissime e rare qualità naturali: « vivezza e perspicacia d'ingegno, fortezza d'animo, risolutezza di proposito; e pure a vederla e a trattarla, pareva una bimba poco men che scimunita ».

Sapeva molto bene il francese ed era esperta in pittura. Aveva una bellissima voce e buona attitudine al canto, eppure pochissimi ne erano a conoscenza e non si produsse mai in pubblico.

Non temeva di apparire ridicola nei confronti della moda del tempo, molto pomposa e molto kitch, con il suo vestituccio nero di taglio sempre uguale, di stoffa ordinaria (chiamata *tibet*). Andava in giro sempre con lo stesso cappellino o di feltro o di paglia, secondo le stagioni. Si conservano ancora le sue povere scarpe sfondate, foderate di cartone.

Impressiona, nelle sue foto, vedere come portasse i bei capelli castani, appena appena messi in ordine, con una discriminatura in mezzo poco più che accennata. Così si presentò dalla cognata Assuntina, sposa del fratello Guido, la quale le intimò di non farsi più vedere a casa sua, per non farle fare altre brutte figure[12].

[12] Cfr. *Lettera alla cognata Assuntina*, del 1900, in *Lettere e scritti*, pp. 404-405. In essa, tra l'altro si dice: « Babbo era tanto contento che loro

Gemma, senza avvedersene, con il suo modo di essere e di apparire, è stata una sfida per le opinioni del tempo.

« La fede mi basta... Sto bene con la fede »

La sua corrispondenza ci restituisce Gemma, tutta intera, nella normalità della vita. Non può parlare così una mitomane.

« Santa Gemma », scrive G. Agresti, « portò la sua fede *semplice* a una fede terribile, per di più confortata dalle manifestazioni del Cielo. È commovente, nella sua vita, la fede ingenua della prima parte del suo itinerario di purificazione, ma lo è soprattutto la fede *eroica* con cui resse alle tentazioni e al buio, alle contraddizioni e alle *notti* dello spirito. Diceva: "La fede mi basta, o Gesù; vivo bene colla fede" »[13].

E padre Germano parla a lungo di questo spessore della fede di Gemma, che non cerca, non desidera cose straordinarie, una fede che appaga in pieno la mente e il cuore fedele. Così, egli dice fra l'altro: « L'ardore della fede, che ammirai in questa figliola, fu sempre la cosa che maggiormente mi colpì. Fede semplice, fede illuminata, fede sincera, pareva che di fede fosse tutta impastata. Ella viveva come in

si unissero; se vi fosse stato presente! Dopo poi penso che tutte le avversità mi hanno fatto sottomettere al volere di Dio. Fu questo sempre il mio conforto in un mare di tante disgrazie, e più non ci penso. Gesù ha voluto così: sia pure così. Se me lo permette, verrei, appena monsignore ha deciso il giorno che dovrò entrare, a farle una visita; me lo farà sapere, se crede » (p. 405).

[13] G. Agresti, *Ritratto dell'Espropriata*, Lucca 1978, p. 122.

un'atmosfera celeste. Dappertutto vedeva Dio, né altro si curava di vedere. Tutti i dogmi della nostra santa religione erano per lei come un'evidenza, ed essa li credeva senza aver bisogno d'attuarvisi con atti di fede, perché le erano, direi quasi, connaturali »[14].

Il dramma della sua epoca (come della nostra), cioè la spaccatura radicale e verticale tra il dato della fede e la scienza, tra l'evidenza e l'inevidenza, tra l'orizzonte piatto e i cieli aperti, richiede testimoni credibili e sinceri. Si può affermare che nella vicenda di Gemma, paradossalmente, la fede era diventata una cosa *naturale*, tanto ne viveva immersa, inondata e ricolmata. Gemma è passata sul ponte tra natura e grazia, tra fede e visione, tra natura e soprannatura, con piede leggero. Lo sguardo sull'abisso non le ha dato alcun senso di vertigine ma le è servito per buttarsi ancora più decisamente fra le braccia del Padre delle misericordie.

Eufemia Giannini depose nei Processi: « Arguisco che doveva avere una grande fede da quello specialmente che essa diceva nelle estasi. I concetti che essa esprimeva non potevano derivare altro che da una grande fede. Tutto il suo modo di vivere rivelava una unione dolce e continua con Dio, che non le impediva di attendere alle cose materiali della casa ».

Una fede feriale, quotidiana, nutrita dalle forme di pietà di tutti i giorni. Una fede nutrita di preghiera, vissuta tra i fornelli della cucina, la tavola da apparecchiare, il bucato da lavare, le faccende di casa, la biancheria da rammendare. Una fede fatta di orari, di appuntamenti, di pratiche di pietà.

[14] *Positio*, 1920, *Summarium*, p. 85.

12

L'ultima Pasqua

Ancora insistenze, poi la quiete

Gemma in casa Giannini si trovava bene; si sentiva amata e accolta come una figlia. A tanto affetto rispondeva con riconoscenza e disponibilità. Si prendeva cura delle faccende domestiche come tutte le donne di casa. Aveva preso l'incarico di rammendare le calze della numerosa famiglia, cosa che faceva nei ritagli di tempo. Non mancava di seguire i bambini perché, tornati da scuola, facessero i compiti; si univa volentieri a loro dopo cena nella stanza dei giochi, specialmente nelle lunghe serate d'inverno. Quella dei Giannini era una famiglia numerosa, con molti ospiti e visitatori quotidiani e con molti interessi da gestire. Gemma aspirava alla solitudine di un chiostro, questo lo sapevano coloro che ne avevano la cura spirituale, ossia monsignor Volpi e padre Germano. Di questo era convinta anche Cecilia e gli altri di famiglia.

L'idea fissa, dunque, per Gemma e per chi la seguiva, era sempre il monastero. A tutti era chiaro che lei avesse la vocazione claustrale manifestata anche con tanti e chiari segni del cielo. Gesù stesso, la Vergine

Maria, san Gabriele dell'Addolorata e san Paolo della Croce la esortavano e la rassicuravano che sarebbe diventata monaca e monaca passionista.

Le Visitandine di via Elisa non la vollero e anche lei non si sentì particolarmente attratta a quel determinato tipo di vita comunitaria. Chiese e ottenne da monsignor Volpi di poter fare domanda di ammissione presso le Carmelitane di Borgo a Mozzano, dove c'era stata una prozia. Andò varie volte in quel monastero e si trattenne a lungo a parlare con la madre priora, suor Angela Serafina.

Un ostacolo insormontabile era rappresentato dalla sua malferma salute, l'altro l'assoluta mancanza di dote che potesse far fronte al periodo della prova, secondo le rigide norme di ammissione. In fondo neppure Gemma era del tutto persuasa. Prese contatto anche con le Cappuccine di via del Fosso. La superiora se ne uscì con una infelice espressione: « Se tu fossi proprio una Gemmina di Gesù, ti piglieremmo anche... ». Gemma incassò il colpo e tornò tranquilla in via del Seminario.

Monsignor Volpi provò a insistere per farle rinnovare la richiesta ma a quel punto fu Cecilia Giannini che chiuse il discorso. In Lucca c'erano anche le Mantellate Servite di via san Nicolao, al n. 81, dette popolarmente « suorine », che avevano il convento a pochissimi isolati da via del Seminario[1]. Gemma ci andava volentieri e si tratteneva spesso a pregare nel-

[1] Il monastero fu fondato nel 1667 da un gruppo laico femminile e dedicato alla memoria del dolore della Vergine. Con la ripresa ottocentesca dopo le soppressioni, le religiose si avviarono verso una forma tipicamente claustrale. Il monastero fu chiuso negli anni '80 del 1900. Le monache erano impegnate nel lavoro per le chiese e nella confezione degli azzimi per le

la loro chiesa. Vi restava qualche volta anche di notte. Più di una volta, davanti al tabernacolo, fu rapita in estasi e si manifestarono nel suo corpo i segni della passione. Le suore e la superiora, madre Agnese, la consideravano una di loro. Quest'ultima, nei processi di canonizzazione, testimonierà alcuni gustosi episodi accaduti nella loro chiesa e nel loro parlatorio.

Uno è quello dell'angelo custode. Gemma un giorno si presentò da sola in parlatorio, quando invece aveva l'abitudine di girare per Lucca sempre accompagnata da qualcuno, in genere da Cecilia o qualche amica fidata dei Giannini. La superiora fece le meraviglie. Gemma, senza scomporsi, le disse: « Non sono venuta da sola! ». L'altra le chiese chi l'avesse accompagnata. La santa rispose: « Il mio Angelo Custode ». « E dov'è? Fallo entrare ». Gemma, con la massima naturalezza, aprì il portone e aspettò qualche secondo prima di richiuderlo. La suora, a quel punto, pur non vedendo nessuno, fece finta di aver visto il celeste accompagnatore.

Sembrava che Gemma fosse sul punto di essere accettata dalle Mantellate quando, proprio nel giorno del suo ingresso in monastero, ebbe un attacco di febbre a più di quaranta gradi con qualche sbocco di sangue. A questo punto anche padre Germano dovette arrendersi e il progetto non fu realizzato.

Durante la malattia, nei primi mesi del 1899 aveva anche pensato di entrare tra le Ministre degli In-

parrocchie della diocesi; per questo venivano chiamate anche « le suorine dell'ostia »: cfr. *Moniales ordinis Servorum, quaderni di storia e attualità*, anno XI, 1980, pp. 46-47.

fermi. Neppure tra loro la pratica andò avanti. Lo stesso accadde con le sue ex-maestre, le Zitine.

Padre Germano pensò addirittura di portarla a Roma e di farla entrare tra le Adoratrici di via dei Lucchesi. Anche Giuseppina-Serafina Imperiali, un'anima devota seguita da padre Germano, aderente a un gruppo fondato dallo stesso padre, denominato « Il collegio di Gesù », al quale appartenevano anche Gemma, Cecilia e le altre Giannini, si offerse di ospitarla a Roma. I Giannini, però, non ne vollero sapere.

Dopo le informazioni avute da padre Gaetano, come abbiamo visto, Gemma venne a conoscenza dell'esistenza delle monache Passioniste. Da allora non ebbe più requie per le continue, pressanti, insistenti richieste presso monsignor Volpi e padre Germano, perché la facessero entrare nel monastero passionista di Tarquinia. Anche qui, però, ci fu chi era prevenuto contro di lei. Non la vollero accettare neppure come ospite per un corso di esercizi insieme con le Giannini, nel febbraio del 1902. Padre Gaetano stesso, in seguito ad alcuni fraterni richiami che Gemma gli aveva rivolti, e che non aveva preso di buon garbo, cominciò a presentarla in modo sfavorevole un po' dovunque[2]. Madre Vittoria Bruschi, la presidente delle monache Passioniste di Tarquinia, con ben due lettere si fece premura di avvisare le

[2] Padre Gaetano Guidi di Partino (Pisa) era fratello di altri due Passionisti. Aveva un carattere molto vivace ma irrequieto. Missionario apprezzato e anche bravo scrittore, nutriva forti ambizioni di carriera. Uscì dai Passionisti dopo aver ricoperto vari incarichi ed entrò tra i monaci Silvestrini. Fece ritorno tra i Passionisti, forse nel 1914, pentito delle scelte che aveva compiuto e soprattutto del male che aveva arrecato alla povera Gemma. Morì nel Ritiro passionista della Madonna della Stella il 12 novembre 1925.

Giannini di non portare con loro la povera Gemma. Evidentemente le chiacchiere di padre Gaetano avevano fatto breccia.

Quando si ventilò l'idea di fondare un monastero di Passioniste a Lucca, Gemma accolse la cosa con grande entusiasmo e si diede da fare anche per trovare un sito adatto alla fondazione e a raccogliere qualche offerta.

Ma il Decreto pontificio di fondazione del monastero passionista lucchese fu firmato da Pio X solo il 2 ottobre del 1903, quando Gemma era già volata in cielo. Le prime monache Passioniste arrivarono a Lucca qualche anno più tardi, in numero di sette, come Gemma stessa aveva predetto.

« Alla fine », scrive E. Zoffoli, « subentrò la calma più profonda: aveva fatto tutto per rispondere all'invito di Dio. "Sono contenta", scrive durante l'ultima malattia; "vivo soffrendo di continuo, ma in pace, in quiete. Non glielo chiedo più di andare in convento, se un convento migliore mi attende" »[3].

Ancora nell'ultimo anno di vita Gemma e Cecilia Giannini cercheranno di trovare un esito favorevole alle tante richieste, anche se le speranze gradualmente si affievoliscono.

« Piovono disgrazie a furia »

Quasi del tutto chiuso il discorso della vocazione monastica per Gemma, restano ancora aperte le ferite della povera famiglia Galgani. Il nuovo anno si apre

[3] E. Zoffoli, *La povera Gemma*, p. 27.

con la morte della zia Elena, il 6 gennaio e sarà un crescendo per tutto l'anno.

In casa Giannini il canonico Lorenzo Agrimonti, già maestro di scuola del cavalier Matteo, apprezzato musicista, ospite fisso della famiglia da moltissimi anni, viene colto da un attacco di paresi, da cui si riprende lentamente, dopo aver fatto temere il peggio. Gemma lo assiste con molta amorevolezza. Anche Giustina, la moglie di Matteo, non sta tanto bene soprattutto per il sistema nervoso, conseguenza, forse, delle numerose maternità. Cecilia informa regolarmente padre Germano, nonostante i gravosi impegni di famiglia, su come si comporti Gemma, della sua tristezza per l'ormai chiara preclusione a entrare in un monastero e del suo continuo raccoglimento semiestatico. A volte, andando insieme in chiesa, Cecilia è costretta a farla tornare in sé quando è già andata fuori dei sensi. Ai primi di marzo Gemma viene ospitata dalle « suorine » mentre Annetta ed Eufemia, accompagnate da Cecilia, si trovano a Tarquinia per gli esercizi spirituali.

Nel maggio la giovane si ammala piuttosto gravemente. Padre Germano, però, le ordina di pregare per la sua guarigione che avviene alla fine di giugno. Non mancano forti prove interiori e vessazioni diaboliche che la tormentano. Cecilia informa di tutto il « babbo » lontano[4]. Questi, tra l'altro, si preoccupa

[4] Gemma dai primi di gennaio del 1902 scrive trentatré lettere a padre Germano, alle quali egli risponde direttamente solo dalla fine di giugno; Cecilia spedisce ventiquattro lettere dal 10 gennaio, alle quali Germano risponde con ventinove missive, informandosi dettagliatamente di Gemma, dandole, tramite Cecilia, quegli aiuti spirituali di cui ha fortemente bisogno (cfr. *Lettere e scritti*, pp. 342-388; 760-769; 911-942; 1093-1122).

di far scattare alcune foto a Gemma[5]. Da una foto scattata da Beppe Giannini, neanche ben riuscita per mancanza di luce, fa ricavare un quadro a olio dal pittore romano G. Francisi, che ritrae Gemma in estasi. Arrivato a Lucca in casa Giannini, Gemma lo vide, e fece del tutto per farlo sparire. Poi lasciò perdere.

Nel mese di luglio Gemma accompagna i Giannini in vacanza a Viareggio. È una breve sosta refrigerante nella lunga traversata di questo interminabile 1902, il penultimo della sua vita.

Il 9 agosto c'è un altro lutto in casa Galgani. Muore, praticamente di consunzione, la piccola e sfortunata Giulia. Il 9 settembre Gemma ricade nel male da cui era guarita in precedenza. Ha una forte crisi il 21 ottobre; « dimagrisce a vista d'occhio e soffre dolori acerbissimi e pene interne che fanno raccapricciare », scrive sempre Cecilia al padre Germano. Lo stesso giorno si era spento dello stesso male di Giulia anche l'altro fratello minore di Gemma, Tonino.

Finalmente, ai primi di ottobre, padre Germano può andare a Lucca per assistere la sua figlia spirituale e vedere il da farsi[6]. Si pensa di trasferirla in un piccolo appartamento in via della Rosa, contigua a via del Seminario, per evitare qualsiasi rischio di contagio sopratutto per i numerosi bambini della famiglia Giannini, dato che sembra ormai certo che Gemma abbia i polmoni compromessi, come Giulia e come Tonino, come già mamma Aurelia.

[5] *Lettera di Germano a Cecilia*, 7 luglio 1902, in *Lettere e scritti*, p. 1111, foto che però che non vengono eseguite; in precedenza Germano aveva già fatto scattare due foto a Gemma dallo studio fotografico G. Di Giulio & C. (cfr. *Lettera di Cecilia a Germano*, 13 ottobre 1900, in *Lettere e scritti*, p. 824).

[6] *Padre Germano a Cecilia*, in *Lettere e scritti*, pp. 1117-1118.

Il trasferimento avverrà nel gennaio dell'anno successivo. Nell'epistolario superstite tra Gemma e Germano, pur in mezzo a queste tristi vicende di lutti e di sofferenze fisiche e morali, si leggono, non senza stupore, le meraviglie della condiscendenza divina nei confronti della povera Gemma, ormai sempre più assimilata al suo Sposo crocifisso, nei dolori, nelle persistenti vessazioni diaboliche, nella sua incessante intercessione per i poveri peccatori. Sembra che davvero il Cielo sia entrato tutto intero nel cuore di questa ragazza « malata d'amore e che morirà d'amore », in una povera stanza di via della Rosa.

Sabato santo 1903

La zia Elisa già da ottobre, con l'interessamento e l'aiuto dei Giannini e di padre Germano, prende in affitto, in via della Rosa al n. 17, un piccolo appartamento al secondo piano, con una finestra che si affacciava sul giardino di casa Giannini, le mura alberate e il cielo verso Oriente.

Ancora oggi quell'ambiente è rimasto intatto, eccetto l'aver collocato un piccolo altare nel punto in cui si trovava il letto di Gemma. Vi si accede per una scaletta molto ripida. Gemma, finché le forze la reggeranno, la percorrerà per scendere nella chiesa di Santa Maria della Rosa, proprio di fronte al portoncino d'ingresso, per partecipare alla Santa Messa, confessarsi, pregare. Il trasferimento avviene il 24 gennaio a un'ora di notte. Per Gemma e i Giannini, specialmente per Cecilia, il distacco fu molto sofferto, eppure si trattava di una lontananza di poche decine di metri. La stessa sera Cecilia scrive a padre Germano:

> « Il sacrificio è fatto... L'angelo mio è partito; stasera è dalla zia, ci è andata a un'ora di notte, e io ci ho già fatto tre visite. Lei mi abbraccia, mi stringe e mi dice: mamma... mamma... Sono già due volte che perdo la mamma! Povera martire. Creda, padre mio, che io non ho più lagrime da versare; non ne posso più, che strazio, che crepacuore... Se sapesse come questi figli sono tutti dispiacenti! »[7].

La Giannini è accorata perché Gemma, in quella prima notte nella stanza di via della Rosa, è « sola, sola, sola con Gesù. Dice sempre: Gesù solo! Gesù solo! ». Eppure vi abitava anche la zia Elisa. La presenza, sempre desideratissima di padre Germano, comincia a sfumare, perché Gemma sa che ormai le resta soltanto di prepararsi alla morte e ha fatto l'offerta a Dio di tutto e di tutti, anche di padre Germano, il « babbo lontano che era accanto a Gesù nel suo povero cuore ».

Egli stesso riconoscerà, più tardi, che aveva sottovalutato sia l'imminenza del trapasso, sia il grande bisogno del suo conforto. Non pensò né di andare né di scriverle lettere di conforto, dopo la visita di pochissimi giorni ai primi di ottobre. Durante quella visita-lampo poté assistere agghiacciato ad alcune vessazioni diaboliche che la ragazza soffriva con sempre maggiore insistenza. Si preoccupò di farle gli esorcismi, sia a Lucca sia, a distanza, da Roma o da

[7] *Cecilia a padre Germano*, 24 gennaio 1903, in *Lettere e scritti*, p. 945.

Tarquinia, sua residenza abituale. Monsignor Volpi, però, non era dello stesso avviso; il prelato fu sempre molto riluttante a fare gli esorcismi sulla giovane. Gemma soffriva di questa poco percepita urgenza di un aiuto spirituale più vigile e costante.

La mattina seguente dopo il trasferimento, verso le sei, Cecilia sale alla camera di Gemma con un po' di caffè che avrebbero preso insieme dopo essere andate a Messa. Gemma, però, non è in grado di alzarsi, per un accentuato rialzo termico e una forte emicrania. Nei giorni seguenti e fino a quindici giorni prima del trapasso, riuscì a scendere in chiesa, aiutata da Eufemia. L'ultima volta, svenne presso la balaustra. Eppure meravigliava tutti per la sua calma inalterabile e il suo perpetuo sorriso.

Il tormento delle vessazioni diaboliche, che era iniziato già da sette mesi in modo più scoperto e assillante, durerà fino alla fine anche in forme raccapriccianti. Non sempre era creduta. Qualcuno era persuaso che quanto la giovane vedeva e soffriva derivasse da qualche forma di malattia nervosa conseguente all'indebolimento generale. Questo era innegabile, e non era dovuto soltanto alla tisi che faceva il suo corso. Si sa che le vessazioni diaboliche non colpiscono soltanto persone perfettamente sane. Probabilmente Gemma soffriva anche di una qualche forma di diabete, forse ereditaria. Lei stessa era convinta di non essere tisica ma questo, purtroppo, contava poco o nulla. Non aveva mai sofferto di polmonite, né di tifo, né di altre malattie infettive. I medici chiamati varie volte al suo capezzale non fornirono mai una diagnosi unanime sulle cause remote e prossime della sua malattia. Il professor Bianchini, primario dell'ospedale di Lucca, dopo parecchie visite coscienziose, disse: « Metterei la mano sul fuoco che non è tubercolosi... Gli sbocchi di sangue vengono dalla laringe. È un'estatica... »[8]. Per medici, forse tributari del positivismo imperante, non era una diagnosi da poco, ma non spiegavano comunque lo stato di salute ormai irrimediabilmente compromesso.

Dal 18 marzo in poi le estasi cominciarono a farsi sempre più rare, finché cessarono del tutto. Era arrivata la « notte scura scura ».

Le restava la contemplazione di un grande crocifisso che si fece mettere davanti al letto, insieme a una immagine della Vergine Maria. Meditava brani dei Vangeli, recitava i salmi, leggeva con trasporto il libro *Apparecchio alla morte* di sant'Alfonso Maria de' Liguori. Ogni tanto esclamava con tutte le forze residue: « Viva Gesù! Tutta di Gesù! Gesù solo! ».

L'anziana zia non sempre poteva assisterla in modo adeguato. La sorella Angelina si affacciò una sola volta nella stanza dell'inferma e diede in un pianto dirotto. Un sacerdote presente la invitò a controllarsi. E Gemma non mancò di esortarla. Comunque, questa sorella minore superstite non si offrì di assisterla, forse perché costretta a lavorare da domestica per mantenersi, non ne avrebbe avuto il tempo. Ma forse Angelina non legava neppure con la zia Elisa.

[8] P.G. Bonardi, *Con l'amore crocifisso*..., p. 210. All'esame microscopico non fu trovato il bacillo di Koch; erano anche perplessi se avesse una forma di diabete e quale, oppure fosse affetta da una malattia sconosciuta: così i dottori Nerici e Tadini.

Nelle ultime settimane la consapevolezza dell'imminente giudizio di Dio, il timore di essere giudicata in modo negativo stimolava la fiducia di Gemma nella misericordia divina. Spesso ricorreva alla materna protezione della Madre di Dio.

Esclamava frequentemente: «O Gesù, abbi pietà di me…, abbi pietà di una peccatrice, che ti è costata la vita. Sono un frutto della tua Passione, un germoglio delle tue piaghe. Gesù mio misericordia! Gesù non mi abbandonare!»[9].

Man mano che i giorni passavano e il male faceva il suo corso, la sua preghiera si semplificava. Erano ormai lontani i tempi delle magnifiche e continue apparizioni di Gesù, di Maria, degli angeli, di san Gabriele, dei santi. Il Cielo era divenuto di bronzo. La giovane si offre vittima di olocausto per il bene della Chiesa: era la sua vocazione e missione specifica. Gemma sperimenta nel corpo e nello spirito l'amarezza della desolazione e dell'ombra della morte: era la sua discesa agli inferi, preludio della sua risurrezione. Si trovava sul Calvario ma doveva ancora essere crocifissa con il suo sposo di sangue.

Il venerdì santo, 10 aprile, Gemma disse a Cecilia: «Non mi lasci finché non sono inchiodata in croce. Ho da essere crocifissa con Gesù: Gesù mi ha detto che i suoi figli devono essere crocifissi». Poi si immerse in un'estasi dolorosa, allargò le braccia e restò immobile fino alle 13,30. «Guardi una immagine di Gesù crocifisso moribondo, e questa era la sua figura», scriverà sbalordita Cecilia a padre Germano. Non era ancora la fine. L'agonia di prolungò per tutta

[9] P.G. Bonardi, *Con l'amore crocifisso…*, p. 216.

la notte e la mattina del sabato santo, 11 aprile. Alle 8 le fu portato l'olio degli infermi e il viatico dal viceparroco di Santa Maria Bianca, don Luigi Carnicelli. Gemma rispose a tutte le preghiere.

Venne a visitarla monsignor Volpi. Richiesto dalla morente di farle gli esorcismi, le diede l'assoluzione, pensando che fosse ormai in preda al delirio e fuori dei sensi; poi dovette andare via. Gli obblighi di rappresentanza per le celebrazioni pasquali lo richiamavano in episcopio, accanto a monsignor Ghilardi ormai quasi del tutto cieco. Il prelato era poi tranquillo perché accanto alla morente c'era sempre una suora infermiera e i Giannini, oltre alla zia Elisa. Non mancava la presenza di qualche sacerdote, nonostante i gravosi impegni della mattina del sabato santo, quando, secondo i riti dell'epoca, si svolgevano tutte le celebrazioni pasquali.

Gemma, quindi, non fu mai lasciata del tutto sola. Oltre ai componenti della famiglia Giannini che si alternavano al suo capezzale, le suore infermiere che facevano anche il turno di notte, assistevano l'inferma anche l'abate Giuseppe Angeli, sempre di Santa Maria Bianca, che ascoltò l'ultima sua confessione, le diede l'assoluzione e le fece la raccomandazione dell'anima: quella splendida preghiera che accompagna il morente fino alle soglie dell'eternità. Era presente anche il correttore della Rosa, Andreuccetti; fece più di una visita pure il servo di Dio, il canonico don Stefano Antoni, che aveva già ricevuto varie volte la confessione di Gemma.

Alla fine della sua vita, però, pur essendo amorevolmente assistita, sperimentò interiormente, fino alla fine, la desolazione della croce. Non poteva essere altrimenti per una vera sposa di un Re crocifisso morto nell'abbandono della croce. Nella solitudine della croce si consumava il loro patto d'amore.

Qualche ora prima di spirare, prese il crocifisso tra le mani e tenendolo all'altezza degli occhi e guardandolo disse:

« Vedi, o Gesù? Non ne posso più! Se è volontà tua, pigliami! ».

Poi alzò gli occhi verso il quadro della Madonna che aveva appeso al muro ai piedi del letto e soggiunse:

« Mamma mia, raccomando l'anima mia a te! Di' a Gesù che mi usi misericordia! ».

Erano presenti il parroco, la zia Elisa, quasi tutti i membri della famiglia Giannini e due suore Barbantini, tra cui suor Cecilia Stazzuglia.

A un certo punto appoggiò il capo sulla spalla della signora Giustina e, calma e serena spirò, mentre le cadevano due lacrime dagli occhi.

Erano le 13,45 del sabato santo, 11 aprile 1903.

Già da mezzogiorno[10] le campane dei tanti campanili di Lucca avevano dato il solenne annuncio di Pasqua: la risurrezione di Gesù dalla morte.

La lunga notte è finita:

« La notte splenderà come il giorno
e sarà fonte di luce »,
canta la liturgia dell'annunzio pasquale
nella veglia del sabato santo.
Il cero pasquale brilla nella penombra:

[10] Prima della Riforma liturgica l'annuncio della risurrezione veniva dato a mezzogiorno.

la sua fiamma sembra voler salire
più in alto dell'ultima stella;
gioca con le tenebre e le mette in fuga.
Unisce la sua chiarità con lo splendore della luce
che non conosce tramonto.

« La verità, prima che faccia a faccia, si manifesta a tratti (ahi, quanto illeggibili) nell'errore del mondo, così che dobbiamo compitarne i fedeli segnacoli, anche là dove ci appaiono oscuri e quasi intessuti di una volontà del tutto intesa al male »[11].

Dallo spessore della croce alla chiarità della luce.

Sempre nel cuore delle cose c'è danza,
danze di morte, danze di angeli dove
c'è Cristo c'è sempre una danza di Risurrezione
perché la salvezza è sempre una danza
che ci prende le mani,
ci dice gioia della pazienza, i passi del dolore.

La preghiera è la danza più profonda e può essere
maestosa e familiare, alta, serena e dolce.
Dove c'è un amore che fa male c'è pure danza,
e la Creazione è una danza, un movimento costante.
Le stelle danzano nei loro alti luoghi, la luna
danza e si alterna con ogni tramonto.
E pure con ogni alba[12].

Lucca. Qui, nel mezzogiorno di una giornata piena di suoni di campane che annunziano la Pasqua,

[11] U. Eco, *Il nome della rosa*, Bompiani, Milano 1980.

[12] E. Jennings, *La danza nel cuore delle cose* (a cura di D. Pezzini), Àncora, Milano 2007, p. 123.

Gemma ha spiccato il suo ultimo volo, senza nessun timore di perdere le ali e di cadere nei flutti amari dell'oscurità, non più solo figlia e discepola ma in eterno sposa dell'Agnello immolato fin dalla fondazione del mondo. « Vidi poi un nuovo cielo e una nuova terra, perché il cielo e la terra di prima erano scomparsi e il mare non c'era più »[13].

Ho vissuto
nelle città più dolci della terra
come una rondine passeggera.
Lucca era
un nido difficile tra le vigne
impolverate, in fondo a bianche strade,
donde sarebbe traboccata
con ali troppo folli
pe' tuoi cieli molli, Toscana,
antica giovinezza[14].

Chi mi darà ali come di colomba
per volare e trovare riposo?
Ecco, errando, fuggirei lontano,
abiterei nel deserto.
Riposerei in un luogo di riparo
Dalla furia del vento e dell'uragano[15].

13 Apocalisse 21,1.
14 P. Bigongiari, *Le mura di Pistoia*, Milano 1958.
15 Salmo 54,7-9.

APPENDICE

DAGLI SCRITTI DI GEMMA[1]

Gesù nel mistero eucaristico

Oh, quanto grande è la felicità e gioia che prova il mio cuore davanti a Gesù in sacramento! E se Gesù mi permettesse di entrare nel sacro tabernacolo, dov'è presente in anima, corpo, sangue e divinità, non sarei forse io in paradiso?

Gesù, anima dell'anima mia, paradiso mio, ostia santa, eccomi a voi. Ho sentito che mi cercavate e son corsa.

Giorno e notte Gesù sta rinchiuso per nostro amore in quel povero ciborio, e tutto intorno a Lui è silenzio e squallore, e se oltre a tutte queste cose dobbiamo farlo anche piangere, allora!...

Non vorrei che sotto il sole dell'augustissimo sacramento si offuscassero le mie pupille. Tu ti doni sempre a me, e io sono sempre più cattiva. Mi abbatte tanto questo pensiero... Ma... non mi hai detto tu che non mi lasciassi abbattere da questo pensiero? O Gesù, io che meriterei di

[1] Testi scelti dal volume, Gemma Galgani, *Sola con Gesù solo. Colloqui estatici della stimmatizzata di Lucca*, San Paolo, Cinisello Balsamo (MI) 2002.

starmene nell'inferno a bruciare... E tu mi fai provare le delizie dell'amor tuo?

Me ne avvedo che a me non hai dato ricchezze temporali né passibili (*transitorie*); ma mi hai dato la vera ricchezza, cioè il nutrimento dell'eucaristico Verbo. Che diverrei io, se alla santa Ostia non dedicassi tutte le mie tenerezze? Lo Spirito del Verbo, regnante nel fecondo seno del Genitore increato, si partirà e verrà a farmi gustare le sue tenerezze.

O mio Dio, Gesù, ostia santa, a te consacro tutte le mie tenerezze. Mi sono accorta, o Gesù, che il tuo affetto mi cercava, e io son corsa; la tua carità mi chiamava, e io son venuta subito.

Amore verso Dio

Io vorrei avere in questo istante, o Eterno Padre, il cuore di tutti gli angeli, il cuore di tutti i santi, di tutti gli eletti, e persino della mia Madre celeste, anzi vorrei avere quello del tuo Figlio, per offrirteli in tua gloria e onore.

Se Gesù mi ama, il mio amore per lui è ancora troppo debole. Come non amare Gesù con tutte le forze, con tutta l'anima? Come non desiderare di essere tutta consumata nel suo santo amore? A Gesù, a Gesù tutti i nostri affetti, tutta la nostra riconoscenza.

Che pace, che quiete, anche che tu ti nasconda! Se vuoi andar lontano, Gesù andiamo anche sui monti, corriamo... Io brucio delle stesse fiamme, sono legata dalle stesse catene. Stai pur lontano, Gesù: basta che non mi manchi mai il tuo amore. Le carezze serbale a quelle anime che hai care. Il mondo sia pur falso, non me ne importa nulla. Accendimi: il tuo amore, mi basta. Vorrei che tutti dicessero che il tuo amore mi ha consumato. Amore, amore!

Se tutti gli uomini si studiassero di amare il vero Iddio, questo mondo si cambierebbe in paradiso.

Preghiamo Gesù che ci faccia la grazia a tutti di poterlo amare tanto, quanto ci ama lui stesso. Ma che ci gioverebbe essere tanto amati da Gesù, se poi non ardessimo di amore per lui?

Due cose, Gesù, io sento in me di infinita dolcezza. Nell'amore sei tu che diletti l'anima mia; e nel dolore sono io che diletto l'anima tua!... Se non posso amarti quanto posso, ti accoglierò in me.

Io vorrei che il mio cuore non palpitasse, non sospirasse che per Gesù; vorrei che la mia lingua non sapesse proferire che il nome di Gesù, che i miei occhi non guardassero altro che Gesù, che la mia penna non sapesse scrivere che di Gesù, e che i miei pensieri non volassero che a Gesù.

Più volte mi sono posta a riflettere, se vi fosse in terra un oggetto, verso il quale potessi indirizzare gli affetti miei; ma non trovo nessun oggetto né in terra, né in cielo, se non altro che il mio diletto Gesù.

Perché queste piaghe?

Le piaghe di Gesù rimasero sì bene nella mia mente che non si sono più cancellate.

Ogni giovedì (sera) continuavo a fare l'Ora santa, ma mi accadeva alle volte che quest'ora durasse fino anche alle due (dopo mezzanotte) perché me ne stavo con Gesù; e quasi sempre mi faceva parte di quella tristezza che provò nell'orto alla vista di tanti peccati miei e di tutto il mondo, una tristezza tale che può ben paragonarsi all'agonia della morte.

Sedersi alla mensa dei peccatori

Ora, Gesù, pensa ai peccatori. Vuoi sapere chi me l'ha proibito di pensare ai peccatori? Il diavolo... Invece, Gesù, pensa ai poveri peccatori; te li raccomando. Insegnami a fare tante cose per poterli salvare.

Gesù, pensa ai peccatori; li voglio tutti salvi... tutti! Io devo pensare soltanto ai peccatori, al resto pensaci tu.

O Gesù, per chi devo pregare? Tu stesso, Gesù, mi raccomandi i peccatori. Ricordati, Gesù, che sono tutti figli del tuo sangue.

La povera Gemma

Ma lo amerò proprio davvero Gesù? Ho un forte desiderio di amarlo, questo sì, vorrei struggermi per amarlo, ma... Più volte ho domandato a Gesù che m'insegni lui il vero modo di amarlo.

Per il lume che si è degnato darmi, sono venuta ad acquistare la cognizione della mia bassezza, e piangendo sui tanti miei peccati, sento il mio dolore aumentarsi di più, a considerare i tanti oltraggi e le tante ingratitudini che le creature fanno ogni giorno a Gesù.

O Mamma mia, diglielo tu a Gesù, digli che credo agli infiniti suoi meriti, e l'applichi tutti per lavare i miei peccati. Io non so capire, Gesù, come mai sei tanto glorioso e vieni a nasconderti nel mio cuore.

Il soffrire insegna ad amare

I momenti dolorosi sono i momenti più preziosi.

O Gesù, ti ringrazio mille volte, che sempre più mi rendi simile a te! Pensa, Gesù, che me lo hai promesso: se sarò compagna nei patimenti, lo sarò ancora nella gloria.

O potenza dell'amore di Gesù! La tua tenerezza, o Gesù, vince la mia freddezza! Vieni, vieni, Gesù.

No, non la ricuso, perché se ricuso la croce, ricuso anche Gesù. O croce santa, con te voglio vivere, e con te voglio morire. L'amo sì la croce, perché so che la croce è sulle spalle di Gesù.

È vero, Gesù, se vado pensando a ciò che ho passato da piccola, da grande, ho avuto sempre croci; ma oh! Quanto si sbagliano quelli che dicono che il patire sia una sventura! Ma dimmi, Gesù, perché non mi parli mai di quello che sta per succedere? Oh! In qualunque luogo io vada, sarò sempre felice, se potrò piangere e soffrire per amor tuo.

Ricordiamoci che siamo seguaci di quel Gesù che soffrì tanto. No, non basta aver sotto gli occhi la croce, averla addosso; bisogna averla nel mezzo del cuore.

La croce è il regalo che Gesù prepara alle anime che si consacrano tutte a Lui.

La Madre addolorata

Mamma mia, dove ti trovo?... Sempre ai piedi di Gesù!... Che soffrire, Mamma mia, quando vedesti morto Gesù!..., quando ti dovesti separare!

Mamma mia, la mia debole sorte continua in questa vita colla battaglia, ma son contenta, tra il timore e la speranza mi abbandono in Dio. Cara Madre mia, non sto mica bene, sai, la mia vita si spegne e ogni giorno consuma. E lo spirito?... O Dio mio!... grido forte... mi rivolgo a Gesù, promettendogli amore; Madre mia, amore per parte di tutti...

Stare per sempre con Gesù

Oh! Piacesse alla tua divina bontà, che dopo aver avuto un dolore forte dei peccati, mi portassi in paradiso, per non fare altro che la tua volontà! Gesù in vita, Gesù dopo la vita, Gesù in eterno! Mio Gesù, amor mio!

Ma qual luce? Una luce immensa, inestinguibile, incorporea... O Gesù... quando, Gesù? E puoi, o mio Dio, vedermi così soffrire? E che! Disprezzeresti forse questo mio desiderio? E chi altro me l'ha messo in cuore, se non te? Vieni, vieni, Gesù, vieni a prendermi, vieni a ristorarmi un poco.

Come fare a non desiderare di morire, se penso all'eternità, all'amore tanto grande di Gesù, a quell'amore attuale di Gesù? E poi se penso che starò tutta con Gesù, che lo possederò?

Oh, se l'angelo mio mi prestasse per un momento le ali, volerei da Gesù in cielo!

Non mi rimane che Gesù, Gesù solo: oh! Quanto è buono! L'amor suo misterioso mai mi stanca! È tanto grande la felicità, l'allegrezza che provo, che più volte al giorno mi sento abbandonare a me stessa, e mi sento partire da questo mondo, e sempre più… sì m'invoglio del cielo, e di abbandonare la terra! O paradiso, paradiso! Dove non si farà che una cosa sola: amare!

CRONOLOGIA

1878 Gemma nasce il 12 marzo a Borgonuovo di Camigliano, in provincia di Lucca, da Enrico Galgani, farmacista, e Aurelia Landi. I loro figli sono: Carlo (+ 1875); Guido (+ 1922); Ettore (+ 1927); Gino (+ 1894); Gemma (+ 1903); Antonio (+ 1902); Angela (+ 1953); Giulia (+ 1902).

1878 Gemma viene battezzata il 13 marzo nella parrocchia di San Michele di Camigliano. È padrino lo zio capitano medico Maurizio Galgani che le impone il nome di Gemma, al quale vengono aggiunti quelli di Umberta e Pia.

1878-1879 Tra la fine del 1878 e l'inizio del 1979 la famiglia Galgani si trasferisce a Lucca.

1880 Gemma frequenta l'asilo delle sorelle Ersilia ed Elena Vallini insieme ai fratellini. Lunga malattia (TBC) della mamma.

1885 Il 26 maggio riceve la cresima nella chiesa di San Michele in Foro a Lucca. Prima locuzione interiore: le viene chiesto il sacrificio della mamma.

1886 Il 17 settembre muore mamma Aurelia.

1887 Il 19 giugno, III domenica dopo Pentecoste: Gemma fa la sua prima comunione nella parrocchia di San Frediano.

1889-1893 Frequenta le scuole delle Zitine. Tra le insegnanti vi è anche la fondatrice, la beata Elena Guerra (+ 1914). Consegue vari premi, tra cui il diploma e la medaglia d'oro.

1894 Muore Gino, il fratello seminarista a diciotto anni. Gemma ne soffre acutamente. Con Gino ella aveva una profonda affinità spirituale.

1896 In maggio sopporta, senza anestesia, una dolorosa operazione al piede per una carie ossea. Collabora nell'asilo tenuto dalle sorelle Baccheretti. Con il permesso del confessore emette il voto privato di castità.

1897 11 novembre: muore il papà Enrico per un tumore alla gola. Oberato di debiti, lascia la famiglia in totale indigenza. L'appartamento e la farmacia, con tutti i mobili, vengono posti sotto sequestro. I Galgani sono sul lastrico.

1897 Il 12 novembre Gemma viene accolta a Camaiore dalla zia paterna, Carolina. Dà una mano in casa e nel negozio di mercerie degli zii.

1898-1899 La giovane rifiuta una seria proposta di matrimonio, dopo aver respinto un altro pretendente, per essere *tutta di Gesù*. Da Camaiore torna a Lucca, nonostante i gravi disagi economici e l'inizio di una grave malattia renale.

1899 Nei primi mesi dell'anno si verifica un aggravamento delle malattie di cui soffre Gemma (ascesso lombare, tabe spinale, otite, tumore al cervello, paralisi arti inferiori). Guarisce miracolosamente per intercessione di santa Margherita Maria Alacoque.

1899 Gemma resta per venti giorni nel monastero delle Visitandine, ma non vi viene accolta. Vari tentativi, restati infruttuosi, per entrare in altri monasteri di clausura. Incontra sempre dubbi, perplessità e ripulse.

1899 Durante l'ottava del Corpus Domini e vigilia della festa del Sacro Cuore di Gesù, l'8 giugno riceve « la grazia grandissima » delle stimmate. Il fenomeno non è permanente ma si ripete tra il giovedì, dalle ore 20 fino alle 15 del venerdì. Durerà per circa due anni. Gemma ha ventuno anni.

Luglio 1899 Gemma conosce per la prima volta i missionari Passionisti al termine della missione parrocchiale predicata nel duomo di San Martino in preparazione al giubileo del 1900. Desidera diventare religiosa passionista. Inizia a frequentare Cecilia Giannini.

1899 Venerdì 8 settembre riceve la visita di monsignor Volpi con il dottor Pietro Pfanner in casa Giannini, mentre Gemma è in estasi dolorosa. Parere negativo del medico.

1900 A settembre Gemma è accolta in modo stabile, come una figlia, dalla famiglia Giannini. Il 6 settembre in casa Giannini conosce di persona padre Germano Ruoppolo, che vive tra Roma e Tarquinia. Lo aveva già visto in visione. Con lo stesso aveva aperto un fitto carteggio.

1901 Per ordine di padre Germano, Gemma scrive *l'Autobiografia* (17 febbraio-15 maggio), dopo che aveva interrotto il *Diario* che le era stato richiesto da monsignor Volpi (19 luglio-3 settembre 1900). Le estasi, i colloqui estatici e altri fenomeni, come le stimmate, si susseguono con frequenza.

1901 In ottobre si offre vittima al Signore per una missione speciale di riparazione al Sacro Cuore di Gesù. Si adopera alla fondazione di un monastero di claustrali Passioniste a Lucca ma la fondazione del monastero sarà decisa soltanto qualche mese dopo la sua morte.

Marzo 1902 Non viene accettata neppure come ospite per qualche giorno nel monastero di Tarquinia, insieme alle Giannini che vi facevano gli esercizi spirituali. Muore la sorella Giulia a diciotto anni; poi il fratello Tonino a ventidue anni. Gemma si ammala di nuovo con i sintomi della TBC.

1903 24 gennaio: per ordine dei medici, Gemma viene trasferita nel piccolo appartamento preso a pigione dalla zia, con l'aiuto dei Giannini.

1903 Trascorre gli ultimi mesi di vita (febbraio-aprile) in mezzo a grandi sofferenze fisiche, psichiche e spirituali. È vessata oltre misura dal demonio. Vive la desolazione, la solitudine e l'abbandono della croce. È assistita dalla zia Elisa, da Cecilia, Eufemia e altri componenti della famiglia Giannini. Le suore Ministre degli Infermi assicurano l'assistenza notturna.

1903 11 aprile, sabato santo, alle ore 13,45 Gemma si spegne serenamente, circondata dalla famiglia Giannini, dalla zia Elisa e altre persone.

1903 12 aprile, giorno di Pasqua: sepoltura nel cimitero comunale di Lucca. In seguito viene trasferita in una tomba con piccolo monumento. L'epigrafe è dettata da padre Germano.

1903 24 aprile: si esegue l'autopsia, presenti padre Germano, due medici, Matteo e Giuseppe Giannini, un infermiere e due suore. Vengono trovate tre costole sollevate e il cuore schiacciato, con sangue ancora vivo.

1907 Padre Germano pubblica la prima biografia di Gemma che ha una diffusione clamorosa e inaspettata (ventitrèmila copie in due anni). Si aprono i processi diocesani e apostolici in vista della beatificazione e della canonizzazione (Lucca, 3 ottobre 1907-3 dicembre 1910; Pisa, 20 gennaio-31 ottobre 1922).

1909 Vengono pubblicate le *Lettere* di Gemma a padre Germano e a monsignor Volpi, come pure le trascrizioni dei suoi *Colloqui estatici* (ottomila copie nei primi anni). Traduzioni in molte lingue sia delle *Lettere* sia della *Biografia*.

1923 4-5 settembre: trasferimento delle spoglie di Gemma nel monastero delle Passioniste e ricognizione canonica.

1933 14 maggio: alla conclusione di un più che severo *iter* processuale, finalmente Pio XI annovera Gemma nell'elenco dei beati.

1935 Settembre: posa della prima pietra del Santuario-monastero che accoglie le spoglie della giovane stimmatizzata di Lucca.

1940 2 maggio: Pio XII inserisce Gemma nell'elenco dei santi e la dichiara «stella del suo pontificato».

Menzione delle stimmate («per arcano fenomeno») nella bolla di canonizzazione.

1953 11 aprile: 50° anniversario della morte. Conclusione dei lavori e consacrazione del Santuario; benedizione dell'urna contenente i resti di Gemma, opera di Francesco Nagni.

BIBLIOGRAFIA

Scritti di santa Gemma Galgani

Giorgini F. (a cura di), *Lettere e scritti personali e Lettere a lei o in riferimento a lei*, San Gabriele edizioni, San Gabriele (TE) 2004.

Zecca T. (a cura di), *Sola con Gesù solo. Colloqui estatici della stimmatizzata di Lucca*, San Paolo, Cinisello Balsamo (MI) 2003[2].

Biografie e studi

Bonardi P.G., *Con l'amore crocifisso. Santa Gemma Galgani*, Ed. Eco, Teramo 1986.

Ciardella P. (a cura di), *Identità femminile e testimonianza del Vangelo a Lucca tra Ottocento e Novecento: Maria Domenica Brun Barbantini, Elena Guerra e Gemma Galgani*, Lucca 2004.

Fabro C., *Gemma Galgani, testimone del soprannaturale*, CIPI, Roma s.d.

Lethel F.M. - Zecca T. - Giorgini F., *Una grazia grandissima. Le stigmate di santa Gemma Galgani*, Lucca 2000.

Mistica, salvezza e redenzione nell'esperienza di Gemma Galgani, Atti del convegno di Lucca del 19-21 febbraio 2004, Città Nuova, Roma 2005.
Padre Germano di san Stanislao, *Santa Gemma Galgani*, Passionisti, Roma 1992[10].
Villepelée F., *La follia della croce. Gemma Galgani*, Città Nuova, Roma 1983.
Zecca T., *Santa Gemma Galgani*, San Paolo, Cinisello Balsamo (MI) 2008[3].
Zecca T., *Gli angeli nella vita e negli scritti di Gemma Galgani*, Paoline, Milano 2005[4].
Zecca T., *Meditiamo 15 giorni con Gemma Galgani*, Paoline, Milano 2005[2].
Zoffoli E., *La povera Gemma*, Roma 1957.

INFORMAZIONI

Per raggiungere Lucca:

AUTOSTRADE:
Da Firenze: prendere l'A11 Firenze-Pisa Nord; uscita Lucca.
Da Genova: prendere la bretella per Lucca della A12 o A11; seguire le indicazioni Firenze-Pisa Nord; uscita Lucca.

TRENI:
Da Firenze, Pisa, Viareggio: per la stazione di Lucca.

AUTOBUS:
CLAP e Lazzi; capolinea in piazzale G. Verdi a Lucca.

LUOGHI DI SANTA GEMMA

Santuario-Monastero Santa Gemma
(urna della santa, museo, casa del pellegrino)
Via di Tiglio, 271 (Fuori Porta Elisa)
55100 Lucca
Tel./fax: 0583/91724

www.santagemma.it (sito del santuario-monastero Monache Passioniste)
santuario@santagemma.it

Casa-Museo Giannini
(duecento metri dal duomo di San Martino)
Suore Missionarie Sorelle Santa Gemma
Via del Seminario, 10
55100 Lucca
Tel. 0583/48237
www.santagemma.org (sito delle Suore Missionarie di Santa Gemma).
info@santagemma.org
orario: 09-12,30; 15-19

Casa-Museo delle stimmate
Via Santa Gemma (già via del Biscione), n. 31
Per la visita chiedere al Santuario-monastero:
Tel. 0583/91724

Casa-Oratorio del transito
Via della Rosa, n. 29 (adiacente a Casa Giannini)
Per la visita chiedere al Santuario-monastero:
Tel. 0583/91724

Casa natale a Borgo Nuovo di Camigliano
Via Pesciatina, 502 (sette km da Lucca)
Per la visita chiedere alle Suore di santa Gemma di Casa Giannini o Casa Madre
Via della Chiesa, 1
Camigliano santa Gemma (LU)
Tel. 0583/92716; 0583/48237

INDICE

Presentazione pag. 7

1. OTTOCENTO LUCCHESE » 11
Lucca, come un cammeo » 11
Una città « a parte » » 12
Monsignor Nicola Ghilardi
e monsignor Giovanni Volpi » 13
I Passionisti del Ritiro dell'Angelo » 15
Tre donne lucchesi » 16

2. UNA RAGAZZINA BELLA E DOLCE » 21
Fare memoria » 21
Casa Galgani » 22
La cresima a San Michele in Foro » 28
Nel paese dei « micci » » 30

3. O LA CROCE O LA STOPPA » 33
Oh, che giorno beato... » 34
Alunna delle Zitine » 40
Decennio doloroso » 43
Un lutto lacerante
e un'operazione dolorosa » 45

La prima volta dell'angelo pag. 47
Muore papà Enrico: catastrofe familiare » 50

4. CAMAIORE: LA SVOLTA » 56
Soggiorni estivi: 1896-1898 » 56
Ragazza di casa e di chiesa » 59
Nell'orto della Ghivizzona » 62
Fermo immagine » 65
Camaiore addio » 67

5. « PRIMA L'ANIMA E POI IL CORPO! » » 68
La malattia mortale » 69
La novena per la guarigione » 76
La ragazzina del miracolo » 80

6. LA NOTTE DELLE FIAMME DI FUOCO » 85
La settimana santa del 1899 » 85
Dalle Visitandine » 88
L'8 giugno: le stimmate » 88
L'« arcano fenomeno » » 91
Dono « mistico e segretissimo » » 94
Le vere stimmate » 96

7. UNA NUOVA FAMIGLIA E UNA NUOVA CASA » 99
Le missioni parrocchiali in duomo » 99
Casa Giannini » 105
La visita del dottor Pfanner » 109

Un passionista dai capelli bianchi pag. 112
Spiritualità passionista » 115
Il suo *stile* passionista » 116
La « povera Gemma di Gesù » » 117
La Passione del cuore » 118
Laica passionista » 121

8. « ERO VICINO A TE » » 123

Il discernimento vocazionale » 123
La vera vocazione di Gemma » 126
Irrompe l'avversario:
la lotta con « Chiappino » » 128
Si sente sola a combattere » 130

9. LE DUE FIAMME » 135

L'amore e il dolore » 135
La salita del monte Calvario » 137
La discesa agli inferi » 140
Le consolazioni e le desolazioni » 143
Sposo di sangue » 146

10. « AMORE VUOLE SEMPRE AMORE » » 151

Il filo d'oro dell'amore e del dolore » 151
Aiutare Gesù nei suoi dolori » 154
La « missione speciale » di Gemma » 155

11. TRA ANGELI E DEMONI » 159

Gli angeli » 160
Chiappino » 163
Le tante forme della guerriglia » 166
« Ma tu... dove ti sei nascosto! » » 168

Le difficoltà di un discernimento pag. 168
L'impossibile normalità » 170
« La fede mi basta...
Sto bene con la fede » » 176

12. L'ULTIMA PASQUA » 178
Ancora insistenze, poi la quiete » 178
« Piovono disgrazie a furia » » 182
Sabato santo 1903 » 185

APPENDICE » 194

Dagli scritti di Gemma » 196
Cronologia » 204
Bibliografia » 210
Informazioni » 212

Collana
I RADAR

Biografie di uomini e donne che hanno attraversato le varie epoche della storia, e hanno lasciato un solco nella memoria collettiva dei popoli per la loro testimonianza di vita.

1. A. Drigani - R. Sorgia, *Savonarola: eretico o «santo contestatore»?*
2. I. Belski Lagazzi, *Gandhi. Il profeta della nonviolenza.*
3. F. Accrocca, *Francesco. Un folle per amore.*
4. E. Bergadano, *Padre Pio. Il profumo dell'amore.*
5. B. Weibel, *Edith Stein, martire per amore.*
6. A. Salas, *Paolo di Tarso e il suo vangelo.*
7. D. De Carolis, *Maria Goretti. Una santità nel quotidiano.*
8. C. Zorzin, *Teresa d'Avila. La vita comincia a quarant'anni.*
9. E. Bergadano, *Il papa buono. Giovanni XXIII, una voce che scosse il mondo.*
10. M. Di Lorenzo, *Rosario Livatino. Martire della giustizia.*
11. S. Pasquali, *Ersilio Tonini. Un piccolo grande comunicatore.*
12. C. Zorzin, *Giovanni della Croce. L'uomo dell'essenziale.*
13. E. Bergadano, *Rita da Cascia. La santa di tutti.*
14. M. Di Lorenzo, *Pier Giorgio Frassati. L'amore non dice mai «basta».*
15. E. Bergadano, *Faustina Kowalska. Messaggera della Divina Misericordia.*
16. M. Di Lorenzo, *Madre Teresa. Lo splendore della carità.*
17. L. Ferraiuolo, *San Rocco. Pellegrino e guaritore.*
18. D. De Carolis, *Antonietta Meo. La sapienza dei piccoli del Vangelo.*
19. A. Tripodoro, *Giuseppe Moscati. Il medico dei poveri.*
20. T.P. Zecca, *Gabriele dell'Addolorata.*
21. A. Montonati, *Francesca Romana.*
22. V. Noto, *Santa Rosalia.*
23. G. Cavalleri, *Padre Leopoldo.*
24. C. Tessaro, *Santa Rita da Cascia.*
25. M. Joulin, *Il santo curato d'Ars.*
26. M. de Alvarado, *Madre María Josefa del cuore di Gesù.*
27. L. Montefuschi, *Santa Umiltà da Faenza.*
28. T.P. Zecca, *Gemma Galgani. Mistica della Passione di Gesù*
29. M.P. Giudici, *L'abate Egidio Gavazzi. Da ingegnere a monaco sulle vette di Dio.*

Jean-Marie Vianney, era nato nel 1786 al tempo della Rivoluzione francese. Ordinato sacerdote, fu il parroco del piccolo villaggio di Ars, in Francia.

Passava ore in chiesa a pregare, anche di notte. Questo sacerdote che girava per le case a visitare le famiglie e conoscerne i bisogni, che in anticipo sui tempi, aprì una scuola gratuita per le ragazze perché venissero istruite come i ragazzi (allora studiavano solo i maschi), che faceva catechesi per istruire le persone nella fede, che si mortificava con digiuni continui... intorno a questo prete si creò un campo di attrazione spirituale che dura ancora oggi.

San Gabriele si chiamava Francesco, della nobile famiglia Possenti di Assisi, dove nacque nel 1838. A diciotto anni, dopo molte incertezze, lascia la famiglia e la città di Spoleto dove era cresciuto ed entra nella Congregazione missionaria dei Padri Passionisti. Amava in modo particolare la Madre del Signore e alla professione volle chiamarsi Gabriele dell'Addolorata. Dopo appena sei anni di vita religiosa, il Signore lo chiamò a sé nel fiore degli anni, alla vigilia della sua Ordinazione sacerdotale. Era il 1862. San Gabriele è patrono della regione Abruzzo ed è chiamato con diversi appellativi, ma gli si addice specialmente quello di «Santo dei giovani».

Paoline
EDITORIALE LIBRI

Stampa: Àncora Arti Grafiche - Milano - 2011